CÓMO SHOSTAKOVICH
ME SALVÓ LA VIDA

T0054796

CÓMO SHOSTAKOVICH
ME SALVÓ LA VIDA

Stephen Johnson

Traducción de Marina Hervás

Antoni Bosch editor

Antoni Bosch editor, S.A.U.
Manacor, 3
08023 Barcelona
info@antonibosch.com
www.antonibosch.com

Título original de la obra: *How Shostakovich Changed My Mind*

Copyright to the Work © Stephen Johnson
© de la traducción: Marina Hervás
© de esta edición: Antoni Bosch editor, S.A.U., 2021

ISBN: 978-84-949979-4-5
Depósito legal: B. 7269-2021

Diseño de cubierta: Compañía
Maquetación: JesMart
Corrección: Ester Vallbona
Impresión: Prodigitalk

FSC
www.fsc.org
MIXTO
Papel procedente de
fuentes responsables
FSC® C159131

Impreso en España – *Printed in Spain*

Índice

Prefacio

«Y, sin embargo, la hermana tocaba tan bien. Su rostro estaba
inclinado hacia un lado, su mirada seguía las notas del
pentagrama atenta y tristemente. Gregor se arrastró un poco
hacia delante manteniendo su cabeza cerca del suelo para que sus
ojos, quizá, pudieran encontrar los de ella. ¿Cómo podía ser él
una bestia, si la música le hacía sentir así?»[1]

Franz Kafka, *La metamorfosis*

¿Conocía Shostakovich estas palabras? Me contaron que le encantaba Kafka, pero gente que lo conoció y trabajó con él me
ha contado muchas cosas, de ese compositor imponente y enigmático, y reconciliarlas no siempre es posible. Era un hombre
que solía usar máscaras. La supervivencia en la terrible dictadura
de Stalin exigía eso a sus figuras públicas. Shostakovich parecía haber desarrollado el hábito de decirle a la gente, incluso a
sus amigos, lo que él creía que querían escuchar. Probablemente
solo confiaba realmente en un reducido número de personas ín-
timas, y solo debió de hacerlo en contadas ocasiones. Shostakovich fue sobre todo y en primer lugar un compositor, y como
muchos otros compositores, parece haber sospechado de forma

---

[1] En el original se cita el texto de Kafka en inglés de la siguiente manera:
«And yet his sister played so beautifully. Her face was turned to the side, intently
and sadly following the notes on the page. Gregor crept forward a little further,
keeping his head near to the ground so that his eyes could meet hers. How could
he be a brute beast, if music could make him feel like this?». Se mantendrá,
tanto aquí como en el resto del libro, esta versión, aunque parecería que no es la
que más se adecúa al original alemán: «Und doch spielte die Schwester so schön!
Ihr Gesicht war zur Seite geneigt, prüfend und traurig folgten ihre Blicke den
Notenzeilen Gregor kroch noch ein Stück vorwärts und hielt den Kopf eng an
den Boden, um möglicherweise ihren Blicken begegnen zu können. War er ein
Tier, da ihn Musik so ergriff?» *(N. de la T.)*.

innata de las palabras como vehículo para sus pensamientos más privados y verdaderos.

Si Shostakovich leyó, efectivamente, la famosa y sombría parábola de Kafka –quizá gracias a que algún amigo valiente le facilitara una copia o a que él mismo localizara una en el mercado negro–, es difícil de creer que no se detuviera unos momentos en ese pasaje y, sobre todo, en la pregunta final. El hecho de que tenga que ver con la música habría sido motivo suficiente, si bien además en el contexto del relato de Kafka es totalmente inesperado. Después de la terrorífica transformación de Gregor Samsa en un insecto gigante, los miembros de su familia pasan sucesivamente por estados de *shock*, compasión y hostilidad, para acabar finalmente refugiándose en una especie de indiferencia adormecida. Su caso parece desesperanzador. Pero entonces suena un violín; es la hermana de Gregor, absorta, «atenta y triste» en su interpretación. Entonces, le asalta esa pregunta, como un repentino y oblicuo rayo de luz: «¿Cómo podía ser él una bestia, si la música le hacía sentir así?». Es fácil imaginar a Shostakovich preguntándose a sí mismo algo similar en los momentos de crisis de su carrera, llena de reveses: en los periodos en que se vio aplastado por la condena oficial, vilipendiado por colegas y amigos, atormentado por las dudas sobre su integridad artística, incluso sobre su propio valor fundamental como ser humano; sin embargo, de alguna manera encontró la fuerza para seguir adelante y seguir escribiendo.

Este libro no es, sin embargo, un intento en sentido enfático de alcanzar algo así como el «Shostakovich real», para sacarle de detrás de su complejo conjunto de máscaras y muros defensivos y sentenciar «¡Contemplen a este hombre!». De hecho, en realidad, este no es en absoluto un libro sobre Shostakovich, sino sobre lo que su música –como Gregor Samsa con el violín de su hermana– hace sentir a la gente: rusos que vivieron con Shostakovich a través de los horrores del estalinismo, occidentales que sintieron que, de alguna forma, esa música también se dirigía a ellos; y yo mismo, superviviente de tres diagnósticos de trastorno bipolar, para quien la música, y particularmente la música de Shostakovich, ha sido un salvavidas.

Llegados aquí, me imagino que algunos lectores experimentarán una sacudida de incredulidad: ¿Shostakovich? No es el tipo de música que la mayoría de personas elegirían para animarse, o no en esos momentos de lo que Sigmund Freud llamaba «infelicidad ordinaria» −el tipo de infelicidad que se detiene un poco antes de llegar a lo patológico. Las quince sinfonías y cuartetos de cuerda, sus conciertos, canciones y su ópera *Lady Macbeth del distrito de Mtsensk* contienen parte de la música más oscura, triste, violenta, amarga y desgarradora de la escrita en el siglo XX. ¿No debería tener el efecto opuesto, hundiendo a sus oyentes con ella, o en el mejor de los casos ofreciendo un placer perverso o incluso masoquista? Una y otra vez, sin embargo, las historias que he escuchado sobre los efectos de las obras de Shostakovich, especialmente en aquellos que estaban pasando por duras pruebas emocionales o espirituales, revelan algo muy diferente. En momentos en los que el sufrimiento ha estado a punto de quebrantar su ánimo, oyentes que han escuchado sus propios sentimientos reflejados tan viva y sinceramente se han preguntado a sí mismos algo similar a lo que detuvo a Gregor Samsa en su propia senda depresiva: ¿Cómo podemos ser seres miserables y despreciables cuando la música puede hacernos sentir... bueno, *así*?

Esta pregunta es el tema subterráneo de este libro. El mero hecho de identificar cómo la música «nos hace sentir» es ya un gran reto. Todo está íntimamente unido al instante subjetivo, ese momento de inmenso compromiso con la música, que tan a menudo se escapa de nuestros intentos de racionalización consciente. En el intento de entender estas cuestiones, me ha animado y ayudado mucho hablar con neurólogos, psicólogos, psicoterapeutas, filósofos y músicos, en parte a través de mi trabajo con The Musical Brain, fundación benéfica que reúne a expertos en las artes, las ciencias y la mente, y en parte a través de la investigación que llevé a cabo para varios artículos relacionados y documentales radiofónicos. La ciencia neurológica ha hecho grandes avances en la comprensión de cómo procesa el cerebro, y, a un nivel intelectual y emocional más profundo, le da sentido a la música. Algunas reflexiones de neurología me han causado una profunda impresión, particularmente aquellas sobre cómo la música puede ayudarnos a adaptarnos a una experiencia traumática. Los puntos de vista que ofrecen colegas lúcidos y musicalmente perspicaces como Michael Trimble, autor de *The Soul in the Brain* [*El alma en el cerebro*] y *Why humans like to cry: Tragedy, Evolution and the Brain* [*Por qué a los humanos nos gusta llorar: Tragedia, evolución y cerebro*], fundamentan este libro. También lo hacen pensamientos de filósofos antiguos y modernos, poetas, dramaturgos, novelistas, músicos y amantes de la música *amateurs*. También he tenido el privilegio de conocer a muchos músicos, escritores y pensadores rusos que conocieron a Shostakovich y compartieron su experiencia de sobrevivir bajo la rígida imposición del comunismo soviético. Al poner en común algunas de sus observaciones, especulaciones, argumentos y anécdotas espero dar a los lectores la oportunidad de formarse una imagen más amplia. Soy plenamente consciente de que, cuando se trata de Shostakovich, algunos lectores pueden tener una noción vaga, en el mejor de los casos, de su trasfondo, así que será necesaria una buena cantidad de información histórica y el retrato de escenas biográficas. Afortunadamente, la historia de la vida y la época de Shostakovich es una de las más dramáticas y conmovedoras, a veces incluso oscuramente cómica, de la historia de la música clásica. Parte de ella desafía lo creíble, y ha habido momentos en los que, al volver a contar partes de ella, me he encontrado deteniéndome con incredulidad. Existe, sin embargo, una gran cantidad de testimonios de testigos oculares, como pronto descubrirá el lector.

Antes de que lleguemos a los antecedentes históricos, debo decir algo personal. Cuando empecé a escribir este libro, esperaba mantener a raya la sección de confesiones. Con el tiempo, me di cuenta de que mi experiencia privada tenía una relevancia directa: después de todo, si el tema de este libro es cómo la música puede hacer sentir a los oyentes, son mis propias experiencias, entonces, las que puedo describir mejor. Cuando hice el documental para la radio de la BBC *Shostakovich: A Journey into Light* [*Shostakovich: un viaje hacia la luz*], mi productor, Jeremy Evans, me convenció de que grabara un par de comentarios cortos, que sirvieran de enlace, sobre cómo sentía que la música de Shostakovich me había ayudado a superar una depresión clínica grave. Entre las variadas reacciones que siguieron a la transmisión, algunas personas –periodistas, profesionales médicos y oyentes no especializados– hicieron comentarios sobre esas partes del programa, todos ellos positivos. Desde entonces, las charlas que he dado y los artículos que he escrito sobre este tema han generado repetidamente la misma valoración. De lo que hablo no es, simplemente, de mi «viaje» personal: más bien, es un testimonio del poder alentador, inspirador y, en última instancia, restaurador, de la música de Shostakovich. Es solo uno de los muchos testimonios, otros son mucho más dramáticos e impresionantes que el mío. Y con uno de los más notables de ellos es con el que comienza este libro.

Cómo Shostakovich me salvó la vida

En ese momento, ya habían sacado a Shostakovich de Leningrado. Tal vez hoy no pondríamos a un compositor de música clásica en la lista de personas VIP para ser rescatadas de una ciudad hambrienta y devastada por la guerra, pero por aquel entonces las autoridades soviéticas veían en ello una oportunidad para un golpe de efecto propagandístico tremendo. Había llegado a sus oídos la noticia de que el compositor estaba trabajando en una sinfonía, la *Séptima*, que pronto sería conocida como la *Sinfonía* «Leningrado». Si la sinfonía pudiese ser interpretada en Rusia y, quizá, en los países aliados, podría ser un gesto colosal de insubordinación. La antigua capital imperial de Pedro El Grande, ahora renombrada en honor del titán revolucionario Vladimir Ilych Lenin, no solo sobrevivía a la monstruosa masacre de la armada de Hitler, también seguía componiendo música. Shostakovich voló hacia el este de las líneas de batalla, a la ciudad de Kubyshev, la actual Samara, donde pronto terminó la partitura. Shostakovich trabajaba normalmente rápido. Se interpretó en Kubyshev y en Moscú, donde la recepción de la sinfonía fue eufórica. Grandes éxitos como estos podrían alimentar fácilmente la terrible paranoia de Stalin, pero, en esta ocasión, parece que se percató de lo valiosa que podía ser la nueva sinfonía. Un microfilm de la partitura llegó por avión hasta Estados Unidos –una empresa muy arriesgada en ese momento–, lo que propició interpretaciones en Nueva York y Londres. La prensa occidental fue, en general, tan entusiasta como sus colegas soviéticos. La revista *Time* remató el entusiasmo con la imagen de un Shostakovich mirando al frente con gesto seguro y heroico mientras portaba un casco de bombero (había servido como bombero en el conservatorio), rodeado de llamas y devastación; un fragmento de cuatro notas del tema inicial de la Sinfonía emergía en el dibujo esplendoroso y fantasmalmente de su frente.

Hay momentos en los que aún puedo sentir cómo algo me agarra, esa repentina presión en mi antebrazo izquierdo que me deja sin aliento. Fue el 15 de junio de 2006 en el pequeño apartamento de San Petersburgo del clarinetista Viktor Kozlov. Tuve que ir a Rusia con el productor Jeremy Evans y nuestro inestimable intérprete y «chico para todo» Misha para hacer un documental radiofónico sobre Shostakovich con motivo del centenario del nacimiento del compositor. Jeremy estaba particularmente interesado en que entrevistara a Kozlov, uno de los pocos miembros aún con vida de la orquesta que había interpretado, de forma maravillosa, la *Séptima Sinfonía* de Shostakovich en 1942, en la ciudad sitiada de Leningrado. Al acercarnos al demacrado bloque de apartamentos de Kozlov, en los suburbios de la ciudad, empecé a darme cuenta de que mantener la objetividad profesional iba a ser más difícil de lo habitual. Esa misma mañana, temprano, habíamos visitado el Museo del Asedio de Leningrado,[2] El nombre original de la ciudad, San Petersburgo, había sido restituido recientemente, pero cuando se produjo el asedio, aún se llamaba *Leningrado*: evidentemente, la asociación era potentísima. Había oído y leído muchas historias sobre el asedio. Muchas de ellas daban cuenta de una determinación y resistencia inimaginables. Durante el primer invierno, en 1941-1942, cuando la ciudad estaba rodeada por las fuerzas nazis y el abastecimiento de comida estaba completamente bloqueado, la temperatura descendió a –30 °C y las muertes de civiles alcan-

---

[2] http://blokadamus.ru/

zaron su punto más alto, llegando a cien mil por mes. Algunos morían por hipotermia, la mayoría de hambre. Fotografías y pinturas, en el museo, muestran a gente haciendo cola para tomar sopa hecha de piel de botas y pegamento de lomos de libros, o acurrucada, unos contra otros en las calles (no hacía mejor temperatura en las casas), escuchando Radio Leningrado por una megafonía apresuradamente improvisada. La hija de un superviviente me contó que, cuando los empleados de la estación de radio se encontraban tan débiles que no eran capaces de hacer los programas, se emitía el sonido del tictac de un metrónomo: «Era el latido de la ciudad. Aún estaba ahí». En cierta ocasión, incluso eso se detuvo. Después de 45 minutos de agonía, comenzó de nuevo. Imágenes de la prensa de la época muestran las caras demacradas de los habitantes de la ciudad transformadas por la alegría; se abrazaron, lloraron. Si ese pequeño y frágil latido pudo volver de los muertos, ¿podría hacerlo quizá también la propia ciudad?

Las autoridades soviéticas tuvieron una idea aún más audaz: la *Sinfonía* «Leningrado» debía interpretarse en la propia ciudad. La logística que lo posibilitó fue impresionante. De hecho, tal demencial proyecto pertenecía al tipo de cosas que, probablemente, solo son factibles bajo una sofisticada dictadura. Para empezar, solo quedaba en activo una única orquesta, la Orquesta de Radio de Leningrado, y solo quince de sus músicos seguían con vida. Shostakovich había orquestado, inoportunamente, su *Sinfonía* «Leningrado» para unos cien músicos. La *Séptima* es también la más larga de sus sinfonías, pues normalmente dura unos 75 minutos, por lo que exige una gran resistencia a los intérpretes. Tuvieron que llevar, escoltados por convoyes armados, a músicos de refuerzo, en su mayoría de las bandas militares, y hubo que proveer de racionamiento especial a los miembros supervivientes de la orquesta. El primer ensayo puso a prueba la poca esperanza que les quedaba. Según un testigo ocular, el director, Karl Eliasberg, parecía «un pájaro herido al que se le fueran a desprender las alas en cualquier momento». Como para los músicos, el mero hecho de tener un proyecto que sacar adelante, aunque fuese inverosímil, lo hacía revivir.

Cuando Viktor Kozlov comenzó a hablar sobre aquellos primeros ensayos, quedó claro que quería, desesperadamente, contar esa historia –a mí, a Jeremy, al micrófono, a cualquiera dispuesto a escucharla–. En una esquina del modesto piso de Kozlov, su esposa –una mujer delgada, como un pajarillo, cuyas arrugas de la cara testimoniaban las terribles privaciones que había tenido también que soportar– se inclinó notoriamente hacia adelante, instando visiblemente a su marido a continuar. Sus palabras sonaban cuidadosamente seleccionadas. «Los ensayos comenzaron en lo peor de la hambruna. Todo el mundo se moría de hambre. Estábamos allí, tocando, sin haber comido nada. Los primeros ensayos duraban solamente entre quince y veinte minutos. Los que tocábamos instrumentos de viento no podíamos hacerlo bien, éramos incapaces de mantener la posición de los labios. No podíamos hacer presión y los labios se aflojaban.» Normalmente, Shostakovich pedía mucho a sus clarinetes y la *Sinfonía* «Leningrado» no es ninguna excepción. Pero es que, además, es una música difícil de entender: compleja, técnica y emocionalmente exigente y muy «moderna» incluso para un clarinetista como Kozlov, que conocía la música de grandes rusos consolidados como Tchaikovsky y Rimsky-Korsakov, pero que estaba más acostumbrado a tocar marchas y música de baile en la banda de la Armada Roja.

Finalmente, la orquesta solo fue capaz de completar un único pase entero de la sinfonía antes del estreno, el 9 de agosto de 1942, en el Gran Salón de la Filarmónica de Leningrado. No era casualidad: ese era el día que Hitler había elegido para celebrar la caída de la ciudad con un extravagante banquete para la ocasión en el famoso Hotel Astoria de Leningrado: ya tenía, incluso, los billetes desde hacía tiempo. Sin embargo, ahora sus tropas tendrían que escuchar a los habitantes invictos de la ciudad, interpretando, aunque pareciera impensable, una sinfonía colosal. El mando de las tropas soviéticas que se enfrentaba a los alemanes, el teniente general Govorov, ordenó que el concierto se retransmitiera a través de altavoces gigantes a las líneas alemanas. Al parecer, Govorov contaba con un ayudante que tenía una partitura de la sinfonía y que lo informaba de cuándo venían los pasajes más calmos. No debía haber ni bombardeos ni fuego de artillería durante los largos e intensos *pianissimos* de Shostakovich: el enemigo debía escucharlo todo. Se cuenta que, durante esta pasmosa e insólita retransmisión, un oficial alemán exclamó de golpe «¡Nunca venceremos a esta gente!». Quizás es apócrifo, pero muchos debieron de pensar lo mismo.

Por supuesto, fue todo un acontecimiento en la sala de conciertos y en toda la ciudad. Según varios testimonios, la ovación del público, puesto en pie, duró una hora, algo aún más impresionante si se considera lo débiles que debían de estar algunos miembros de la audiencia. «Oh, sí, la audiencia la recibió muy, muy, muy bien.» Kozlov se inclina hacia delante, casi tocándome, sus ojos se han humedecido, pero están radiantes. «Hubo muchos aplausos, la gente estaba en pie. Una mujer le dio flores al director. ¡Imagíneselo! ¡No había *nada* en la ciudad! Aun así, esa mujer encontró flores en algún lugar. ¡Fue maravilloso!» Lo que ocurrió entonces fue crucial: aquello no era una evasión, falsa esperanza o el cumplimiento desesperado de un deseo; más bien todo lo contrario, de hecho. «La música llegaba a la gente porque reflejaba el asedio. Era tiempo de guerra y todo el mundo sintió que compartía y entendía esa música. La gente estaba conmovida y asombrada de que se tocase ese tipo de música, incluso durante el sitio de Leningrado.» Había un punto de desafío, de colosal clamor colectivo que decía: «¡Aún seguimos en pie!». Pero hubo también algo más: ese acertijo enigmático que tan a menudo había notado cuando meditaba sobre el atractivo de la música de Shostakovich, ahora me impactó con fuerza renovada. En la *Sinfonía* «Leningrado», Shostakovich sostuvo un espejo frente al horror, dirigiéndolo hacia aquellos que el horror casi había destruido; y, como respuesta, ellos rugieron su aprobación, su entusiasmo, su agradecimiento al compositor por haber dado forma a sus sentimientos.

Llegados a este punto, Viktor Kozlov calló triunfalmente. Al contar esta historia, volvió a darle presencia, volvió a hacerla real. Estaba, de nuevo, en la sala filarmónica –todos lo estábamos–, sin poder articular palabra por esa manifestación elemental de la voluntad humana de sobrevivir, de desafiar, de disfrutar frente a la destrucción salvaje y el sufrimiento atroz. La voz interior de mi formación en la BBC me dijo, sin embargo, que debía preguntar algo más. Me avergüenza admitir que lo que se me ocurrió no fue ninguna variación original de la vieja fórmula «¿cómo te hizo sentir todo eso?». Pese a todo lo que había escuchado, nada me preparó para lo que pasó después. Fue como si una gran ola de emoción golpease el apartamento y, al momento, tanto Kozlov como su mujer comenzaron a sollozar convulsivamente. Me agarró el antebrazo con fuerza –vuelvo a sentirlo mientras escribo esto– y apenas pudo articular: «No es posible expresarlo. No es posible expresarlo».

* * *

Podría, simplemente, haber acabado ahí. Una y otra vez, cuando me confrontaba con el poder transformador de la música en las vidas de seres humanos, aquellas palabras me reverberaban como golpes de campana: «No es posible expresarlo». Hay algo en el efecto de la música que desafía todo análisis: el filosófico, el psicológico, el neurológico u otro tipo de aproximación racional. Solo se le acerca la poesía. Que algo que nos puede afectar de forma tan potente sea, fundamentalmente, inexplicable es una fuente de consolación para algunos, de frustración para otros. Tal sería el caso de la presunta famosa «aversión» a la música de Sigmund Freud. Evidentemente, el problema, para Freud, no estaba en que no le afectase la música, sino que no podía explicar por qué lo afectaba: «Algún pensamiento racional o quizás analítico de mi mente se revela contra el hecho de que una cosa me conmueva sin saber por qué me afecta y qué es lo que me afecta».

Fue mucho después de haber conocido a Kozlov cuando me di cuenta de cuántas líneas de pensamiento habían despertado sus palabras, así como cuando me agarró el brazo de forma repentina. De lo primero de lo que me di cuenta al salir del apartamento, algo aturdido aún por lo que había escuchado y sentido, fue de que gran parte de la enfurecida discusión –insisto en lo de «enfurecida»–, en el mundo de habla inglesa, sobre el «significado» putativo de la *Sinfonía* «Leningrado» de Shostakovich y otras de sus grandes obras era algo absolutamente irrelevante –«repulsivo» es la palabra que usé en aquel momento–. El primer estímulo de buena parte de la controversia fue la publicación en 1979 del libro *Testimonio*,[3] que se reivindicaba nada menos como «Las memorias de Shostakovich tal y como fueron relatadas a y editadas por Solomon Volkov». Cuánto hay del verdadero Shostakovich en *Testimonio* y cuánto de personaje elaborado, sesgado, o simplemente inventado por Solomon Volkov es una cuestión que dista mucho de estar resuelta en el momento en el que escribo, en 2017. Aunque Volkov ciertamente conoció a Shostakovich, ¿era lo suficientemente cercano al compositor como para que este le confiase sus pensamientos más privados y políticamente comprometidos? Las diferentes versiones sobre su relación varían. Uno de los pasajes de *Testimonio* del que los críticos han sacado más partido se refiere directamente a la *Sinfonía* «Leningrado». Aquí, «Shostakovich» señala que: «La *Sinfonía n.º 7* se planteó antes de la guerra y, por ello, no se puede tomar como reacción a los ataques de Hitler. El «tema de la invasión»[4] no tiene nada que

---

[3] Solomon Volkov, *Testimonio: las memorias de Dimitri Shostakovich,* Aguilar, 1991.

[4] Se conoce así a la marcha del primer movimiento de la *Sinfonía n.º 7*, donde las flautas, oboe y violines presentan un sencillo tema al ritmo de la caja que varía ligeramente según avanza, volviéndose progresivamente más y más opresivo *(N. de la T.)*.

ver con el ataque. Pensaba en otros enemigos de la humanidad cuando lo compuse». El «tema de la invasión» es una melodía de marcha jovial, la que presumiblemente silbarían soldados que parten hacia el frente, con un ritmo marcial de fondo constante en la caja. Primero se escucha discretamente, como si viniera de muy lejos, pero según aumenta el volumen y la fuerza, su jovialidad inicial se torna terrorífica. Suena como una armada avanzando. Sus dos frases descendentes principales se hacen eco de la conocida melodía de *La viuda alegre* de Franz Lehar, la cual —se decía— era la opereta favorita de Hitler. Según *Testimonio*, sin embargo, entenderla como una denuncia a Hitler implica no entender en absoluto de qué va: «En realidad, no tengo nada en contra de llamar a la *Séptima* la Sinfonía "Leningrado", pero no va sobre Leningrado durante el asedio, sino el Leningrado que Stalin destruyó y que Hitler, meramente, remató». Todo un entramado de contrainterpretaciones de Shostakovich surgen de pasajes como este. Lejos de ver en él a un fiel socialista soviético o un firme defensor de los valores del Partido en su música, algunos sostenían que Shostakovich, en realidad, era un disidente enfurecido. Su aparente conformidad era una máscara, que retiraba ligeramente, lo suficiente para mostrar su verdadero rostro oculto, torturado y torcido con una mueca de dolor, a sus compañeros de sufrimiento. Los sucesivos debates se volvieron asombrosamente violentos y contundentes en su rechazo —insisto, «rechazo»— a dar con una interpretación más matizada. Aquellos, por ejemplo, que insistían en la teoría del «Leningrado–que–Stalin–destruyó» como fundamento de la *Sinfonía n.º 7* claramente pasaban por alto lo que el Shostakovich de Volkov tenía que decir al respecto apenas una página antes. Ahí, se contradecía no solo la interpretación de que «no va sobre Leningrado durante el asedio», sino también lo que dijo en el momento en que comenzó a trabajar en la sinfonía y por qué:

«Escribí apresuradamente la *Sinfonía n.º 7*, la "Leningrado". No podía ayudar, pero sí escribir. La guerra nos rodeaba. Tenía que estar con la gente. Quería crear la imagen de nuestro país en guerra, capturarla en música. Desde el comienzo de la guerra, me sentaba al piano y empezaba a trabajar. Trabajé intensamente. Quería escribir sobre nuestra época, sobre mis contemporáneos, que no escatimaron fuerzas ni vida en nombre de la victoria sobre el enemigo».

Incluso Solomon Volkov admitía que Shostakovich «a menudo se contradecía a sí mismo». He aquí, sin embargo, un reto considerable para los aspirantes a intérpretes: ¿cuál de estas interpretaciones es la «verdadera»? No pueden serlo ambas, ¿no?

Quizá no lo sea ninguna de ellas. En 1973, cuando tuvieron lugar presuntamente las conversaciones recogidas en *Testimonio*, Shostakovich podría haber tenido buenas razones para sacar partido de posibles elementos disidentes en su música. Hay evidencias de que le preocupaba cómo lo verían las generaciones futuras. Sus amigos dan fe de cómo esto lo atormentaba por su complicidad con el régimen soviético. No tenía sentido tratar de convencerlo de que la palabrería vacía era necesaria para sobrevivir. La llamada «culpabilidad del superviviente» tiene, claramente, también algo que ver. Muchos buenos amigos y colegas, llenos de coraje, habían muerto. ¿Qué cuenta eso sobre él que él mismo no decía? Una cosa, no obstante, me hizo darme cuenta, escuchando a Viktor Kozlov, de cuán grande era la brecha entre 1973, cuando Shostakovich era capaz de recordar con relativa tranquilidad, y el invierno de 1941-1942, cuando él, al igual que otros compañeros de Leningrado, tenían garantizada su supervivencia solo minuto a minuto. Justo antes de quedar con Kozlov, vi el manuscrito de la *Sinfonía* «Leningrado» en el Museo del Asedio de Leningrado. En el primer movimiento, terminado antes de que evacuaran a Shostakovich de la ciudad sitiada, hay unos símbolos circulares extraños en la parte de arriba de algunas páginas. Resultó que habían sido añadidos por la madre de Shostakovich para indicar los puntos de la partitura que su hijo había alcanzado cuando se producían nuevos ataques aéreos. Componiendo a la luz de las velas, mal nutrido, helado, temiendo por su vida cada vez que sonaban las sirenas (que se escuchan en las trompas y trombones en la sección de la «invasión»), probablemente Shostakovich tendría otras cosas en mente más importantes que culpar al que fuera, en última instancia, responsable de la destrucción de su ciudad natal. Así fue cómo me lo refirió nuestro intérprete Misha en el coche poco después del encuentro con Kozlov, haciendo uso del tipo de imaginería que quizá solo un ruso podría invocar: «Si dos hombres te están pegando, probablemente no le des demasiada importancia a quién está golpeando más. Lo único que quieres es que paren».

Esta música, por encima de todo, iba para Shostakovich, para Kozlov, para sus compañeros músicos de la orquesta, para la audiencia en la sala de conciertos y los que la escucharon en la ciudad, sobre la supervivencia y sobre trascender el dolor y el miedo a través de una música que, paradójicamente, *reflejaba* todo ese dolor y miedo. Había algo más: me había llevado a casa algo de Viktor Kozlov agarrándome el brazo, con una fuerza desgarradora, y perturbó algunos de mis más preciados sentimientos y creencias sobre la música, y sobre la de Shostakovich en particular. Años después, esta sensación se confirmó y clarificó en una conversación con el filósofo Roger Scruton, que admitió que admiraba la forma en la que «mientras algunos compositores dicen "yo" en su música, Shostakovich dice "nosotros"». Inmediatamente supe a qué se refería. Ejemplos concretos de la música de Shostakovich vinieron a mi mente. Tomemos el tema inicial de la *Sinfonía* «Leningrado», el que aparecía saliendo de la frente con el ceño fruncido de Shostakovich en aquella famosa portada de la revista *Time*. Está orquestado para la sección completa de cuerdas de la orquesta, con una trompeta militar y ritmos de la caja, en una tonalidad mayor brillante y llena de seguridad. Este tema, inicialmente asertivo, va experimentando varias transformaciones importantes: devastadoramente trágico en el clímax del primer movimiento, luego ligeramente esperanzador, y llega abatido a su cierre. Pero, al final de la *Sinfonía*, vuelve a aparecer de nuevo en la tonalidad mayor, reforzado masivamente por la sección de metales: un himno por la fuerza sobrehumana, exultante pese a los embustes, en una macabra tonalidad menor, de los timbales y el bombo. Se trata, sin duda, de la voz de las masas, un himno coral de enormes dimensiones: «Sobreviviremos». Sea lo que sea que decidas, es definitivamente un «nosotros».

Podemos tomar un ejemplo más sutil, posiblemente más revelador, del tercer movimiento de la *Sinfonía n.º 5*. Fue escrita en 1937, durante un periodo de crisis, de mucha más soledad, de la carrera de Shostakovich (sobre la que me detendré a su debido tiempo). En contraste con la masiva aseveración de la voluntad colectiva de la *Sinfonía* «Leningrado», este movimiento parece que habla de algo mucho más personal. Su núcleo lo forman largos solos descorazonadores del viento madera, con el acompañamiento más ligero posible en la cuerda. El sentimiento de soledad es intenso. Pero entonces, por un momento, la parte de la cuerda se completa con una suerte de luminiscencia granulada a través de armonías simples y ricas que suenan muy parecidas a los coros de las iglesias rusas ortodoxas entonando una melancólica bendición. La voz, saturada de aflicción y alienada, de pronto, ya no está sola. El sufrimiento es compartido.

Dos de los principales críticos soviéticos parece que, sorprendentemente, también escucharon este mensaje, aunque dada la postura del Partido Comunista hacia la religión organizada, ninguno de los dos escritores estaba dispuesto a darle ningún mérito a la iglesia ortodoxa. Después de escuchar por primera vez la *Sinfonía n.º 5*, el musicólogo Boris Asafiev escribió: «Esta música inquietante, sensible y evocativa que inspira un conflicto tan colosal parece una constatación verdadera de los problemas a los que se enfrenta el hombre moderno; no uno o varios individuos, sino toda la humanidad». El secuaz literario de Stalin, Aléksei Tolstoi –familiar lejano del gran novelista ruso y escritor acomplejado–, se acercó algo más. El primer movimiento de la *Sinfonía n.º 5* traza una «crisis psicológica» profunda, pero en el tercero «la personalidad se sumerge a sí misma en la gran época que la rodea y comienza a resonar con la propia época». También para Aléksei Tolstoi, hablando la jerga de «realismo socialista» oficial, el «Yo» se convertía en un «Nosotros» en el movimiento lento.

Releyendo a estos dos intérpretes, adquirió protagonismo algo que yo solo había percibido parcialmente pero de lo que no había sido consciente. Lo que comencé a comprender cuando Viktor Kozlov me agarró el brazo y lloró, y cuando sentí mis ojos inundándose de lágrimas como toda respuesta, fue el rol que la música de Shostakovich había desempeñado en mi propio progreso titubeante del «Yo» al «Nosotros».

En ese momento, fue como si mi muro de contención, que había mantenido a raya, comenzase a desmoronarse. Hasta ese momento, independientemente de lo que hubiera dicho, siempre había tendido a creer profundamente que escuchar música era, en última instancia, una actividad privada y solitaria. Sabía, por supuesto, que la música podía aportarnos algunas de las experiencias compartidas más intensas de nuestras vidas. Escuchar música con otros en conciertos, festivales e, incluso, meramente por la radio en un coche, puede crear una forma especial de unión emocional. Tocar con otros, sea en un cuarteto de cuerda o cantando en las gradas de un campo de fútbol, puede aumentar ese nivel de conexión aún más. Daba cuenta de ello intelectualmente; pero, si alguna vez lo había sentido visceralmente, era otra cuestión. Si hubiese sido sincero, probablemente habría elaborado un argumento como el siguiente: incluso si pudiéramos ver, y quizás escuchar cuán emocionados están otros seres humanos, siempre hay algo que permanece inescrutable de la experiencia musical de los otros. Seguramente, mi antiguo yo habría continuado diciendo que es obvio que no podemos acceder a la mente y los cuerpos de otros y sentir lo que ellos, en tanto individuos, sienten. Para mí, la experiencia de la música de escuchar atenta y creativamente, no se alejaba de la de los sueños. Sobre el tema de los sueños, el poeta Robert Herrick supo expresarlo muy bien: «Aquí estamos todos por el día, por la noche nos arrojan / los sueños a cada uno a mundos diferentes».[5] Cuando Viktor Kozlov me agarró el brazo, me sentí arrojado fuera de la ensoñación solipsista. En la presión de su mano, en el sonido de su voz mientras se rompía a mi lado, sentí algo de lo que él sentía; supe, tanto como podría saber cualquier otro ser humano, lo que la *Sinfonía* «Leningrado» le hizo sentir.

* * *

La palabra «empatía» se define, según el *Chamber Dictionary*, como «el poder de penetrar la personalidad de otros e, imaginativamente, vivir sus experiencias». Ya en 2003, un informe de un estudio realizado en el Instituto de Ciencias de la Educación y el Cerebro[6] de la Universidad de Washington, hablaba sin ningún reparo de que «un componente básico de la empatía humana es el afecto interpersonalmente compartido». Me gustaría detenerme en eso de «compartir». A los participantes en un experimento, se les mostraban imágenes de manos y pies en posiciones que, probablemente, fuesen dolorosas, mientras que su actividad neuronal era monitorizada por un escáner de IRM (Imagen por Resonancia Magnética):

> «Los resultados demostraban que percibir y evaluar situaciones peligrosas para otros está relacionado con cambios bilaterales significativos de la actividad de varias regiones, notablemente el cíngulo anterior, la ínsula anterior el cerebelo y,

---

[5] «Here we all are by day, by night we're hurl'd / By dreams, each one into a several world» es la cita original.
[6] Institute for Learning and Brain Sciences.

en menor medida, el tálamo. Se sabe que estas regiones desempeñan un papel relevante en el procesamiento del dolor».

En otras palabras, «siento tu dolor» puede que no siempre sea, como se diría, una sentencia vacía. En varios momentos en su trabajo psicoterapéutico, mi mujer, Kate, notó una nítida sensación física justo antes de que su cliente le revelase algo de significativa relevancia personal. Es como si el cuerpo de Kate supiera lo que su cliente estaba sintiendo antes de que él lo expresase con palabras. La facultad de la empatía, de sentir lo que otros seres sienten, probablemente se remonte a las primeras etapas de nuestro desarrollo como seres emocionales –y posiblemente incluso más allá–. Medio siglo antes del estudio de la Universidad de Washington referido más arriba, el pionero norteamericano de la neurociencia Paul MacLean sugirió que lo que llamamos sistema límbico –el sistema de nervios y redes en el cerebro que procesa nuestras emociones básicas– se desarrolló en paralelo a tres tipos de comportamiento mamífero: el cuidado y la atención maternal, la comunicación audiovocal y el juego. En su libro *The Triune Brain in Evolution*, MacLean señala que «la historia de la evolución del sistema límbico es la historia de la evolución de los mamíferos, mientras que la historia de la evolución de los mamíferos es la historia de la evolución de la familia». Releyendo estas palabras, me viene a la mente el pasaje que cité de *La metamorfosis* de Kafka al comienzo del libro. La sensación de aislamiento de Gregor se torna aún más horripilante en la historia de Kafka por la exposición meticulosamente dolorosa de la forma en que su transformación lo aleja de los miembros de su propia familia. El sonido del violín de su hermana restaura, aunque sea solo por un momento, la esperanza de poder reconectarse con ella. Esa es una de las razones por las que su esfuerzo por cruzar su mirada con la de ella fuese tan desgarrador.

* * *

Tan pronto como acabo de escribir estas palabras, me sobreviene un recuerdo. Tengo trece años y estoy recostado sobre la cama, incapaz de dormir. Lo que me mantiene en vilo es un sentimiento similar al enamoramiento, pero el objeto de ese sentimiento no es otro ser humano; es una pieza musical. Recientemente, había sacado de una biblioteca local una grabación de la *Sinfonía n.º 5* de Shostakovich. Mi extraña obsesión infantil con las sinfonías –y particularmente con sinfonías en oscuras tonalidades menores– me había ido llevando, poco a poco, a un exigente repertorio nuevo. Al principio, su lenguaje musical suena abrumadoramente a siglo XX: definitivamente «moderno» ante la música orquestal romántica del siglo XIX, que ya se había convertido en territorio conocido para mí. Algo, no obstante, me mantiene escuchándola, obligándome a dar un paso atrás y encontrar conexiones y significados más profundos. Gradualmente, me va quedando claro que esta música es tan conmovedora emocionalmente como la de Tchaikovsky y Mahler, pero también con una dirección tan emocionante como la de Beethoven. Me llevó mi tiempo, sin embargo, desentrañar el tercer movimiento, el movimiento en el cual Asafiev y Tolstoi, los críticos soviéticos, habían detectado la «crisis psicológica» de un individuo aislado. Por supuesto, yo no tenía ni idea de eso a los trece años y, ahora, apenas me encuentro a las puertas de comprender lo que la vida podría haber sido para un compositor bajo la tiranía de Stalin. Esta música, no obstante, me fascinaba y me atormentaba en grado sumo al mismo tiempo, especialmente un pasaje en particular. Pasados unos dos minutos del inicio del movimiento, después del ascenso y descenso de una sentida melodía en la cuerda, hay una pausa momentánea y, entonces, más violines se incorporan con una frase corta pero indescriptiblemente elocuente: una nota se repite tres veces, y comienza a descender. Se escucha de nuevo, más arriba ahora, parece que anhela llegar a algo. Pero, cuanto más asciende, más se intensifica su dulce y dolorosa tristeza. Se reproducía una y otra vez en mi cabeza, como eso que los alemanes llaman *Ohrwurm*,[7] con la salvedad de que yo no quería que parase. Es como cuando nos concentramos en una característica especialmente bella de la cara de alguien a quien amamos, sus ojos, quizás. Ahora, años después, me impresiona la precisión con la que esto se aproxima el intento de Gregor Samsa de cruzar su mirada con la de su hermana en ese maravilloso pasaje de Kafka. Le sigue, inevitablemente, la pregunta: «¿Cómo puede ser una bestia bruta si la música le hace sentir así?».

* * *

Muchos compositores han experimentado estrenos claves como un «asunto de vida o muerte» pero, en el caso de la *Sinfonía n.º 5* de Shostakovich, eso era literalmente la verdad. Y es que en la utopía comunista soviética de Josef Stalin la vida podía no valer nada. Al estreno de la *Sinfonía n.º 5* en 1937 le siguió una década de represión y exterminación en la medida en que Stalin, autoproclamado «Secretario» del Partido Comunista, luchó sin piedad para consolidar las bases de su poder. Este fue el periodo al que, a menudo, los rusos se refieren como «el Terror», en directa relación con la campaña de asesinatos masivos a nivel estatal de Robespierre tras la Revolución Francesa. Había absurdos y horripilantes «juicios públicos», en los que la gente confesaba crímenes que podrían no haber siquiera contemplado llevar a cabo. Hubo un frenesí de denuncias: gente que intentaba, desesperadamente, salvar el pellejo señalando a otros, incluso amigos o miembros de su propia familia.

Algunos, simplemente, «desaparecían». Un hombre mayor que conocí en 1990 recordaba haber ido a cenar al piso de unos amigos en 1936, en el apogeo del Terror de Stalin. Era una típica fiesta rusa: el vodka corrió hasta altas horas de la noche, hubo

---

[7] Literalmente, 'gusano de oreja', canción que no conseguimos que deje de sonar en nuestras cabezas *(N. de la T.)*.

brindis por la amistad y declaraciones de esperanza en el futuro cuidadosamente codificadas. Tiempo después, volvió a pasar por delante del apartamento de sus amigos. La puerta estaba tapiada. No había señales de vida en el interior. Preguntó a uno de los vecinos: «¿Dónde están los Ivanov?». La respuesta fue un contundente y aterrorizado «¿Quién? No sé de qué habla». Se cuenta que el propio Shostakovich –la estrella internacional de la composición de la Unión Soviética, que había sido apodado como el «Beethoven rojo»– guardaba una maleta preparada bajo su cama, listo por si llamaban a la puerta de madrugada. Su amigo y seguidor, el musicólogo Nikolai Zhiyaev, fue arrestado y ejecutado cuando Shostakovich estaba trabajando en la *Sinfonía n.º 5*. Las autoridades eran muy conscientes del efecto que eso tendría en el compositor: ¿tal vez sería su turno la próxima vez? Cuando visité en Moscú el apartamento en que Shostakovich había vivido sus últimos años, me impresionó encontrarlo lleno de relojes, apenas había una pulgada libre en todo el piso para nada más. Por lo visto, a Shostakovich le resultaba reconfortante escuchar su tictac durante las noches en vela. Su pulso sin pausa se puede escuchar en varias de sus grandes obras, significativamente en el caso de la *Sinfonía n.º 4*, compuesta en 1935-1936.

Quizá, lo más terrorífico de este infierno diseñado meticulosamente fue que, independientemente de lo que la gente hiciera para sobrevivir, independientemente del precio que pagara, al final prácticamente todo el mundo perdió. Nadezhda Mandelstam, una gran cronista de aquellos años, lo expresó con rotundidad en su libro *Hope Against Hope*:[8]

«Quienquiera que respirara aquel aire pereció, incluso si accidentalmente salvó la vida. Los muertos están muertos, pero todos los demás –los verdugos, los ideólogos, los que hicieron

---

[8] Versión en castellano: Mandelstam, Nadezhda, *Contra toda esperanza*, Barcelona, Acantilado, 2013.

las cosas más fáciles, los alabadores, los que cerraron los ojos y se lavaron las manos, e incluso a los que apretaban los dientes toda la noche– todos ellos también fueron víctimas del terror».

Pese a su talla y su valor como herramienta de propaganda, la posición de Shostakovich era sumamente arriesgada en esos días. A la composición de la *Sinfonía n.º 5* le siguió uno de los reveses de la fortuna más desconcertantes en la carrera de un artista. Hasta 1936, *Lady Macbeth*, la ópera a medio camino entre sátira y tragedia, había sido una de las más orgullosas muestras culturales de la URSS. Había tomado por asalto las casas de ópera de todo el mundo, mientras que en su país había estado en cartel continuamente durante dos años. Pero, entonces, Stalin fue a verla. El motivo por el que tardó tanto en inspeccionar un producto artístico que se había convertido en emblemático de la creatividad soviética sigue siendo un misterio. Lo que sucedió, no obstante, fue decisivo. El periódico estatal *Pravda* publicó un editorial. No iba firmado, pero la mayoría de los lectores podrían haber adivinado quién lo escribía o, al menos, para quién se escribía. El título ya era nefasto: «Caos en lugar de música». El contenido era aún peor: Shostakovich era culpable de un verdadero crimen por haber escrito esa música. Había arrojado basura sobre el rostro del pueblo ruso y de sus nobles aspiraciones socialistas. La última frase del artículo era escalofriante: «Las cosas podrían terminar muy mal».

Se han esgrimido todo tipo de razones para explicar el disgusto de Stalin. Quizá no había sido buena idea sentarlo cerca de la banda de música que se coloca fuera del escenario. También había que tener en cuenta el contenido erótico de la ópera, incluyendo una escena de dormitorio muy explícita. Pese a haber sido un despiadado dictador y asesino en masa, Stalin podría encontrar intolerable lo obsceno. O quizá fue tan solo un episodio más del horrible juego de persecución, como el del gato y el ratón, que Stalin sostuvo contra Shostakovich hasta su muerte, en 1953. Se decía incluso que Stalin se metía en tales juegos con gente a la que apreciaba –si se puede decir que alguien tan psicóticamente despiadado como Stalin «apreciaba» a alguien–. O tal vez la actitud de Stalin estaba influida por la vuelta del exilio en 1936 del gran hijo pródigo musical de Rusia, Sergei Prokofiev. Si la Unión Soviética tenía *dos* genios musicales reconocidos internacionalmente, había menos necesidad de consentir a uno de ellos.

Fuese cual fuese el motivo en el Kremlin, Shostakovich se enfrentaba a una decisión terrible: rehabilitarse artística y políticamente en línea con el régimen o permanecer en silencio, quizá desaparecer, al igual que tantos amigos y colegas. Rehabilitarse ante el régimen implicaba, de alguna manera, producir algo que satisficiera los requisitos del «realismo socialista». La mano derecha de Stalin en el ámbito literario, Maxim Gorky, había intentado definir este concepto amorfo en una reunión privada de 1932. En palabras de Orlando Figes (en *Natasha's Dance: A Cultural History of Russia*,[9]) Gorky veía el realismo socialista como una combinación entre «la representación de la humilde realidad cotidiana de la vida en la Unión Soviética con la promesa heroica de la Revolución». Pero cuando el concepto se introdujo en el Primer Congreso de Escritores de la Unión Soviética, celebrado en 1934, se había afianzado como algo mucho más doctrinario. El trabajo del artista consistía en «afirmar lo correcto» de la perspectiva socialista soviética. No debía haber disenso respecto a la línea del Partido. Cualquier escritor considerado culpable de «desviación» tenía que enfrentarse a la censura –o a algo peor–. Tal y como dijo la escritora Nadezhda Mandelstam, en el arte como en la vida, «era esencial sonreír. Si no lo hacías, significaba que estabas asustado o descontento». Tener miedo o estar descontento no era solo un crimen: era una traición. Hay fotografías oficiales que presentan a Shostakovich como el «sonriente hombre público», en palabras de W. B. Yeats: se decía que cuando había fotó-

---

[9] Versión en castellano: Figes, Orlando, *El baile de Natasha: una historia cultural rusa*, Barcelona, Edhasa, 2006.

grafos cerca él repetía en inglés «sesenta y seis» [«sixty-six»][10] para dar la impresión de estar hablando alegremente. Podría haber compuesto música, si hubiese querido, que imitase esa sonrisa fingida pero, ¿habría, entonces, algún espacio para la integridad artística? ¿Debía, como muchos otros artistas de la Rusia de Stalin, doblegarse ante la autoridad y el poder de la línea del partido o sería capaz de dar con una manera con la que mantenerse fiel a sí mismo, tal vez incluso de dar testimonio del horror en el que estaban sumergidos su gente y él?

Debió de darse todo un abanico de sentimientos de inquietud en el abarrotado Gran Salón de la Filarmónica de Leningrado el 21 de noviembre de 1937, la fecha en que se iba a escuchar la nueva sinfonía de Shostakovich. No todo el mundo le deseaba lo mejor. De hecho, tenía enemigos presentes entre el público, rivales celosos que ansiaban el declive del Beethoven Rojo y su consiguiente eliminación. Sus amigos contemplaban otra espantosa posibilidad: ¿resultaría ser la nueva sinfonía una suerte de abominable «Himno a Stalin» o al «heroico Socialismo Soviético», hermanada con esas enormes estatuas que desfiguraban, arrogantemente, el horizonte de tantas ciudades rusas? No había señales alentadoras. Unos días antes del estreno apareció un artículo en el que se postulaba que Shostakovich anunciaba al mundo su nueva sinfonía como «la respuesta de un artista soviético a una crítica justa». Algunos pocos sí sabían lo que iba a pasar. El joven director en alza Tevgeny Mravinsky, encargado de dar vida a la nueva sinfonía, era uno de ellos. Para Mravinsky había un juez muy por encima, incluso, del secretario del Partido Comunista. Curiosamente, Mravinsky era aún abiertamente creyente practicante ortodoxo –una opción arriesgada en el cielo ateo de Stalin y especialmente para cualquiera en un puesto público–. La viuda de Mravinsky, Alexandra Valvilina-Mravinskaya, me confió que

---

[10] La pronunciación de la «i» hace que la boca se abra como en gesto de sonrisa.

su marido había creído firmemente que el mismo Dios enviaría a Rusia a un gran compositor trágico, un Tchaikovsky o un Mussorgski del siglo xx, cuya voz de rabia, pena, compasión y desafío hablaría en nombre del verdadero espíritu sufriente del pueblo ruso. Tan pronto como vio la partitura de la *Sinfonía n.º 5*, Mravinsky supo que había encontrado a su hombre.

Contra todo pronóstico, la fe de Mravinsky quedó justificada. Después del final de la Sinfonía, el gran esfuerzo por volver a la brillante tonalidad mayor, las fanfarrias de trompetas y el ensordecedor sonido de los tambores que llevan a la *Quinta* de Shostakovich a tan enfático final, llegó una ovación que duró media hora. El crítico Abram Gozenpud, a quien conocí en 2003 (tenía 93 años pero estaba completamente lúcido), recordaba que después de los compases de golpes de mazo, se hizo un silencio tremendo que pareció durar una eternidad y, entonces, de repente, una gran ola de aplausos. Tal y como lo cita Elizabeth Wilson, un escritor llamado Glumov rememoraba cómo

«muchos de los asistentes comenzaron a levantarse automáticamente de sus asientos durante el final, uno tras otro. La música tenía algún tipo de fuerza eléctrica. Una ovación atronadora agitó las columnas del salón blanco de la Filarmónica y Yevgeny Mravinsky elevó la partitura por encima de su cabeza, como para mostrar que no era él, el director, o la orquesta, quienes merecían ese aluvión de aplausos, esos gritos de "bravo"; el éxito pertenecía al creador de esa obra».

Unos días después, llegó la reacción de la que dependía todo: la crítica de la *Sinfonía n.º 5* del vocero cultural de confianza de Stalin, Alexsei Tolstoi. Se podría considerar que la crítica de Tolstoi salvó la carrera de Shostakovich, y quizá también su vida. Si Tolstoi estaba dispuesto a ayudar a Shostakovich, su mayor problema estaba en cómo reconciliar las expresiones patentemente trágicas de la Sinfonía con las demandas del «realismo socialista». La solución de Tolstoi fue ingeniosa. La *Sinfonía n.º 5* de Shostakovich, sostuvo, representaba «la formación de una personalidad», es decir, describía la emergencia de la adecuada y reconstruida personalidad soviética. La lucha y la angustia del primer movimiento daba cuenta de la «crisis psicológica» del compositor tras la reprimenda de *Pravda*. El Scherzo [del Allegretto] suponía una tregua. En la caracterización del gran Largo aparecía ese comentario extrañamente perspicaz que ya hemos indicado: «la personalidad se sumerge en la gran época que la rodea, y comienza a resonar con la propia época». En otras palabras –y esto fue crucial para el futuro, no solo el de Shostakovich, sino para todos los compositores que bregaban por cumplir las exigencias del realismo socialista–, la expresión trágica era permisible, siempre y cuando se hiciese patente que tenía un resultado adecuadamente optimista y afirmativo. El colega de Tolstoi, Boris Asafiev, adujo inteligentemente la reacción extática a la sinfonía de la audiencia como prueba de su sonoridad esencial: «Nuestra audiencia es orgánicamente incapaz de aceptar el arte decadente, lúgubre y pesimista. Nuestra audiencia responde con entusiasmo a todo lo que es brillante, claro, jubiloso, optimista, afirmativo de la vida» (citado por Boris Schwarz).

De alguna manera, gracias en parte a que se rodeó de la gente adecuada, Shostakovich había sacado adelante un impresionante acto de equilibrio artístico. Le había dado voz al sufrimiento personal y colectivo en la música en un tiempo en el que algo así parecía impensable. Se había rehabilitado no solo a sí mismo, sino a toda noción de expresión trágica –siempre que satisficiera el requisito de que su conclusión «afirmase la vida»–. Sin embargo, al mismo tiempo, diseñó la conclusión de tal manera que era susceptible de otras interpretaciones. Con todo ese ruidoso triunfalismo, tras tales descripciones punzantes de dolor y pena, ¿no era una música que, de alguna manera, «protestaba demasiado»? Para algunos, como para el joven chelista Mstislav Rostropovich, también presente en el estreno de la *Sinfonía n.º 5*, el final no era en absoluto optimista, sino abrumadoramente trágico. Esas fanfarrias que atraviesan los oídos, esos aterradores retumbes de tambor, la maniaca insistencia en el supuestamente «triunfante» acorde mayor... «¡Tendrías que estar loco para creerte algo así!», insistía Rostropovich. Recuerdo haber conocido a otro músico ruso que estuvo presente en la primera interpretación (me da vergüenza no acordarme de su nombre). «No sabes cómo fue –me dijo–. Estás en el infierno. Todo lo que te rodea sonríe inanimadamente y te dice que eso es realmente el cielo. Hay, de pronto, una música que dice "no, estamos sufriendo, ¡sufriendo profundamente!". Quieres llorar de alegría porque alguien te haya escuchado y se atreva a hablar en tu nombre.»

* * *

Es fácil de imaginar por qué los miembros de esa primera audiencia pudieron sentir que la *Sinfonía n.º 5* de Shostakovich les hablaba directamente a ellos, en la Rusia de Stalin, en 1937. Explicar por qué causó un efecto tan poderoso en mí, cuando tenía 13 años en las que eran unas circunstancias muy diferentes, por así decir, es todo un reto. Hacia la conclusión de la *Sinfonía n.º 5*, antes de la larga y esforzada acumulación del final, sucede algo llamativo, algo que en este contexto me inclino a leer como una advertencia. Muchas de las partituras de Shostakovich contienen citas o alusiones a otras obras: a veces propias, a veces de otros compositores. Ha florecido toda una maquinaria en torno a la búsqueda de significado de esos ecos, a menudo enigmáticos. La mayoría presupone que Shostakovich tenía una clara razón en mente para usar las referencias de esas otras partituras. De hecho, cuando uno de sus amigos más cercanos, Isaak Glikman, le preguntó por las citas –Rossini, Wagner, Glinka, entre otros– que se cuelan en su *Sinfonía n.º 5*, Shostakovich respondió: «No sé muy bien por qué las citas están ahí, pero *no* podía, *no* podía, *no* incluirlas».

Hay algo particularmente revelador sobre la cita que Shostakovich incluye cerca del final de la *Sinfonía n.º 5*. Invoca una de sus propias obras, pero es una obra que difícilmente alguien que escuchó el estreno de Leningrado en 1937 podía conocer, ya que aún no se había interpretado en público. En el calmo pasaje antes del crescendo final de la sinfonía, el arpa toca una figura de acompañamiento repetitiva que surge del primero de los *Cuatro romances sobre poemas de Alexander Pushkin*, de Shostakovich, escrito un año antes. La canción se llama «Renacimiento». Cuenta cómo un bárbaro estropea una hermosa pintura embadurnando arbitrariamente por completo sus formas; con el tiempo, sin embargo, según nos cuenta Pushkin, los trazos del bárbaro se despintan y la verdadera imagen se revela de nuevo. ¿Anticipaba Shostakovich así lo que los críticos soviéticos harían con su nueva sinfonía, mofándose privadamente a su costa? ¿O es una advertencia a gente como yo, que trata de «leer» a Shostakovich: «No garabatees tu historia en mi música»?

Es algo que le pregunté al amigo y alumno de Shostakovich, el compositor Boris Tishchenko cuando hablamos en su apartamento, que parecía del cálido y tranquilizador viejo mundo de San Petersburgo. La gran hospitalidad y encantadora franqueza de Tishchenko me hacían empezar a sentirme incómodo. Escuchar aún más historias sobre la gente que había aguantado el régimen soviético, y lo que la música de Shostakovich había significado para ellos, me hacía cada vez más consciente de algo así como mi culpabilidad. ¿Cómo podía considerar que esta música me hablaba a mí también, un ciudadano de un país mucho más libre y seguro, que no había conocido nunca lo que es temer que llamen a su puerta de madrugada? No estaba preparado para la respuesta de Tishchenko. Me sonrió y se inclinó hacia mí, sosteniéndome la mirada. «¡Por supuesto que puedes! ¡Shostakovich habría querido que lo hicieras! Sabía que no estaba escribiendo para su gente y su tiempo. Piensa en Benjamin Britten, ¡encontró su alma gemela en Shostakovich!»

Vaya si lo hizo. Y tan pronto como Tishchenko dijo esas palabras me acordé de Caroline, la relaciones públicas musical con la que habíamos contactado Jeremy Evans y yo cuando empezamos a trabajar en nuestro documental radiofónico. Caroline me contó cómo, tras la muerte de su madre, escuchaba en bucle la *Sinfonía n.º 10* de Shostakovich. Un amigo le advirtió: ¿no era una actitud un poco enfermiza? ¿No era más aconsejable (siguiendo el cliché angloamericano) «salir más de casa»? Caroline sintió que trabajarse sus emociones en la compañía de esa música –una música que, de alguna manera misteriosa, reflejaba su propio proceso de duelo–, en última instancia, le haría bien.

Tishchenko asintió con aprobación. La música de Shostakovich nunca fue sobre el «Yo», ni tampoco sobre el gran «Nosotros» ruso colectivo. Era para cualquiera con los oídos preparados para escuchar. Así que quizá no somos todos bárbaros, garabateando ciegamente nuestra propia historia sobre el lienzo musical de Shostakovich. Por un lado, es cierto que «caminamos por un bosque y sentimos que somos o podríamos ser el sueño del bosque», tal y como lo expresó poéticamente el filósofo Ernst Bloch en su *Geist der Utopía (Espíritu de la utopía)*. Pero los árboles y la luz que se cuela entre ellos son verdaderamente reales. Escuchar una pieza de música, ahora estoy convencido, es también una relación, aunque de un tipo muy inusual. La pregunta, entonces, no es vana: ¿qué es lo que soñé como respuesta a la música de Shostakovich y qué puedo decir que la música «hizo» por mí?

* * *

Es mayo de 2010 y he estado presentando uno de los conciertos de la serie *Tuned in* de la Orquesta Sinfónica de la Ciudad de Birmingham (CBSO). En la primera mitad, hablé sobre la *Sinfonía n.º 4* de Shostakovich, con extractos interpretados por la orquesta para ilustrar mis comentarios; en la segunda mitad se tocaba la sinfonía completa. La *Sinfonía n.º 4* es otra de las obras de Shostakovich con una cautivadora historia de fondo. Esta es la sinfonía en la que estaba trabajando Shostakovich cuando, en 1936, apareció el editorial del *Pravda* «Caos en lugar de música» que lo hizo pasar súbita y devastadoramente de ser un héroe socialista a ser un cero a la izquierda antisocial. Pese al *shock* de la crítica y el consecuente estatus de paria que asumió, Shostakovich se blindó a sí mismo y acabó tan inmensa partitura. En uno de los pasajes más convincentes de *Testimonio*, Shostakovich habla así sobre el final de la sinfonía: «La traición masiva no me concernió personalmente. Me las arreglé para separarme de los demás y eso fue, en ese periodo, mi salvación. Algunas de esas cuestiones las puedes encontrar, si quieres, en mi *Sinfonía n.º 4*. En las últimas páginas está todo expuesto con bastante precisión». Hay algo del tono meticulosamente medido de este pasaje, el sarcástico «si quieres», que hace que me parezca genuino. Suena a un hombre que se mantiene a raya, con miedo a hablar abiertamente, incluso cuando está en confianza, acerca de un tema que fue tan peligroso durante mucho tiempo. Lo que no explica es por qué Shostakovich insistió en que la *Sinfonía n.º 4* se estrenase en 1936, a sabiendas de que su humor amargamente maníaco y la trágica oscuridad de su apoteosis habrían sido incendiarios, especialmente después de la denuncia del *Pravda*. Al final, algunos amigos fueron capaces de persuadirlo de que renunciara a la partitura y probase otra cosa –y el resultado fue la *Sinfonía n.º 5* y la casi milagrosa rehabilitación de Shostakovich–. La *Cuarta*, mientras tanto, permaneció en un cajón de su escritorio, silenciada durante veinticuatro años, hasta que la relativa liberación del «deshielo» de Krushchev hizo posible su interpretación. Isaak Glikman se sentó junto a Shostakovich en el estreno mundial de 1961:

«Cuando la devastadora música de la introducción resonó en la sala, me pareció que podía escuchar claramente su corazón latiendo agitadamente. Estaba en manos de una ansiedad incontrolable que solo se aplacó al comienzo de la imponente coda… Bajo la impresión, aún fresca, de lo que acababa de oír, [Shostakovich] me indicó: "me parece que en muchos aspectos mi *Sinfonía n.º 4* está muy por encima de mis obras más recientes"... se identificaba totalmente con la sobrecogedora fuerza musical de un niño perdido».

La *Sinfonía n.º 4* era la pieza de Shostakovich que llegué a conocer mejor que ninguna otra en mis primeros años de adolescencia. Pese a su extensión (alrededor de una hora), la sinfonía está llena de energía vital, intensidad abrasadora y humor perverso, y el uso de la orquesta, de grandes dimensiones, es deslumbrante –suficiente para entender el atractivo que todo ello provocaba en una mente joven e impresionable–. Pero, ¿qué hay de la violencia horrible, de los cambios repentinos y aterradores de humor y la terrible desolación de ese final? Todo parecía hablarme a mí directamente, aunque no sabía decir por qué. Recuerdo que aullé de rabia cuando leí una crítica que describía aquella coda imponente como «un colosal *non sequitur*». Por supuesto, no tenía nada de *non sequitur*, ¡su lógica emocional era intachable! La payasada grotesca en el núcleo del *finale* nace obviamente de la desesperación de la que surge la coda con un *crescendo* de infarto en el juego de los *timpani* y el bombo. Este es, seguramente, el momento en que las paredes de la gigantesca carpa de circo se derrumban para revelar el horror, el sufrimiento, la devastación que siempre estuvo allí, escondidos de la vista pero no totalmente protegidos de la conciencia. Escuchaba la sinfonía una y otra vez, profundizaba en la partitura y la reproducía en mi cabeza durante largos paseos a pie o en bicicleta (he tenido siempre buena memoria para la música y las palabras). Creo que era consciente, aunque solo sea en el fondo, de que había algo problemático en mi apetito voraz para este tipo de música perturbada y perturbadora. Pese a ello, no estaba preparado para lo que Kate me dijo, unas décadas después, en el intermedio de aquel concierto de Birmingham: «Vivir con tu madre tiene que haber sido como esa sinfonía».

Durante la interpretación que vino a continuación, cuando nos aproximábamos a lo que Isaak Glikman llamó, con propiedad, una «coda imponente», yo también sentí que podían oírse los pálpitos de mi corazón.

* * *

En *An Anthropologist on Mars*,[11] el neurólogo Oliver Sacks dedica un capítulo a un paciente que se llama Greg. La extracción de un tumor del cerebro de Greg le dejó un daño severo en un lóbulo frontal y otras áreas cruciales relacionadas, lo que implicaba que sufría amnesia, ceguera, movilidad reducida y un estado general de apatía. Tal y como observa Sacks, es, asimismo, «insípido, plano e indiferente emocionalmente». Pero algo cambia cuando Greg escucha música: «No parece haber duda de que la música lo emociona profundamente, podría ser una puerta a las profundidades de las emociones, a las cuales no tiene acceso normalmente. Se percibe que Greg es una persona diferente en esos momentos». Sacks nota algo similar en algunos pacientes con autismo que ha observado, como por ejemplo el artista Stephen Wiltshire:

> «Hasta entonces, la carencia de esa gama de emociones y estados de ánimo que definen un "yo" para el resto de nosotros había parecido formar parte de la naturaleza de Stephen, parte de su ser autista. Y, sin embargo, la música parecía haberle "dado" dichas emociones, haberle "prestado" una identidad, aunque todo se perdiera en el momento en que acababa la música. Era como si, durante un breve intervalo, hubiera estado realmente vivo».

«En la música –dice Nietzsche–, las pasiones se disfrutan a sí mismas.» Lo llamativo de estos casos es que la música parece haber sido o haberse convertido en la única manera en que estos pacientes podían experimentar plenamente y disfrutar de lo

---

[11] Versión en castellano: Sacks, Oliver, *Un antropólogo en Marte*, Anagrama, 2006.

que, claramente, eran sus propias emociones, no algo impuesto desde fuera.

Son casos extremos, y dudo si debería poner mi propia experiencia en la misma categoría. En todas mis consultas privadas con psiquiatras, psicólogos y psicoterapeutas, nunca sugirieron que pudiera ser autista ni tener algún daño cerebral –al menos, no hasta ahora, gracias a Dios–. Mi problema, como bipolar diagnosticado, parece más bien ser el opuesto al de Greg y Stephen Wiltshire: no es tanto la dificultad de acceder a las emociones profundas como la incapacidad de cerrarles la puerta. «El *exceso* de llanto hace reír; el *exceso* de risa hace llorar», dice William Blake. He conocido ambos excesos, a veces, de manera confusa, en el mismo momento. Hubo un momento, aproximadamente entre los 13 y los 15 años, sin embargo, en el que experimenté de forma asistemática un entumecimiento emocional debilitador, siempre con la misma sensación de ansiedad de fondo. Cuando leí el comentario de Oliver Sacks de que a Greg la música le proporcionaba «una puerta a las profundidades de las emociones a las que no tiene acceso normalmente», supe que aquello se me podría aplicar a mí también.

Es aún difícil para mí escribir sobre aquellos días, incluso después de años de ayuda psiquiátrica y un esmerado trabajo terapéutico. Preferiría evitar lo que un amigo describe hábilmente como «nadar en el estanque del yo»; también sé lo poco fiable que puede ser la memoria, incluso, o quizás especialmente, cuando se trata de enfrentarse a una experiencia que todavía parece estar absolutamente presente. Lo que enfocó con más claridad todo esto fue leer los *Studies in Hysteria*[12] de Freud. Las referencias de Freud a cómo las situaciones emocionalmente desestabilizadoras pueden llevar a una disociación afectiva en la mente del paciente hicieron sonar una alarma lejana. El *Diagnostic and*

---

[12] Freud, S., *Estudios sobre la histeria*, Madrid-Buenos Aires, Amorrortu, 2012.

Statistical Manual of Mental Disorders, Fifth Edition (DSM-5) [*Manual de diagnóstico y estadístico de enfermedades mentales, quinta edición*] de la Asociación Americana de Psiquiatría desarrolla, y en algunos aspectos moderniza, las propuestas de Freud. Establecen una lista de varias categorías de desorden disociativo, incluyendo el «trastorno de despersonalización», el cual consiste en que el paciente se siente distanciado de sus propios sentimientos, experimenta los pensamientos como intrusivos (como si se originaran en otro lugar o en otra persona) y se siente extrañamente desconectado de la realidad. No sé cuánto me convence este tipo de encasillamiento abstracto, aunque creo que hay algo de reconfortante en ver los propios síntomas confirmados de manera tan fría y precisa. Al mismo tiempo, no obstante, anhelamos el elemento empático del saber poético. Siempre me han encantado las historias de fantasmas y ahora creo que muchas de las mejores podrían leerse como metáforas de cierto tipo de enfermedades mentales. Recuerdo cómo me impresionó un pasaje de *Casting the Runes*, de M. R. James[13] en el cual un estudiante universitario, emocionalmente retraído (el clásico antihéroe de M. R. James) comienza a darse cuenta, de forma extraña e inquietante, de que su mundo había comenzado a cambiar: «parecía que algo inexplicable e impalpable se había interpuesto entre él y sus colegas, que algo lo controlaba, por así decir». Conocía ese sentimiento y sentí por primera vez cómo se colaba dentro de mí en mi adolescencia. Al mismo tiempo, también comencé a darme cuenta, de manera intermitente, de que algo «indefinible e impalpable» había construido una barrera entre lo que se supone que debería estar sintiendo y yo. ¿Dónde estaba mi dolor cuando mi abuelo murió, por ejemplo? ¿Qué diablos me pasaba? Había veces en las que me sentía abrumado por «pensamientos intrusivos», según eran definidos por el DSM-5, durante mis paseos solitarios a pie y en bici,

---

[13] Versión en castellano: James, M. R., *El Enigma de las Runas y Otros Cuentos de Fantasmas,* Buenos Aires, Eds. Librerías Fausto, 1977.

me sentía agobiado por ellos e intentaba atribuírselos al diablo, ya que era intensa y obsesivamente religioso en ese momento.

Oliver Sacks ofrece otra historia clínica reveladora en *An Anthropologist on Mars*. De nuevo, la historia a la que refiere es dramática, pero podría arrojar luz en este contexto, especialmente en por qué necesité con tanta desesperación la *Sinfonía n.º 4* de Shostakovich. Sacks explica el tratamiento de un hombre llamado Virgil que parecía estar ciego, aunque no todo el tiempo. Sacks se dio cuenta de que los periodos en los que más probablemente Virgil «era» o «se hacía el» ciego era cuando estaba con sus padres, los cuales insistían obstinadamente en que su hijo no podía ver y desestimaban cualquier intento por su parte de lo contrario considerándolo como «meras imaginaciones». Sacks llega a una conclusión sorprendente: «En estos episodios, a Virgil su familia lo trataba como a un ciego, su identidad era negada o socavada, y él reaccionaba sumisamente, actuando e incluso convirtiéndose en ciego». La ostensible ceguera de Virgil, señala Sacks, es de hecho una «renuncia o regresión de parte de su ego» como respuesta al «rechazo de su identidad».

Probablemente no lo tuve en cuenta conscientemente en aquel momento, pero mi propia situación familiar fue precaria en mis primeros años de adolescencia. Escribiendo ahora, cuatro años después de la muerte de mi madre, veo claramente que ella tenía sus propios demonios, aún más terribles que los míos. En general, era muy buena disimulando su propio tormento interior ante el mundo exterior pero, en sus últimos años, cuando cayó finalmente su máscara, fue diagnosticada de manera tardía de trastorno bipolar con desorden límite de la personalidad. La gente con desorden límite de la personalidad es a menudo alarmantemente susceptible. Incluso de niño recuerdo mi sorpresa ante la brusquedad e intensidad de los arrebatos de mi madre. Podía cambiar inmediatamente de un gran entusiasmo y un afecto ardiente a una furia letal, a la vergüenza o a cualquier cosa parecida a una pena desconsolada. Podía ser enormemente estimulante en un momento, especialmente cuando hablaba de historia del arte, su tema predilecto, y terriblemente fría al siguiente. Por muy estimulante que pudiese ser estar con ella, el cambio violento acechaba siempre tras la esquina. Recuerdo una ocasión en la que, tras una pequeña travesura mía, se dio la vuelta de repente, blandiendo unas tijeras como si fueran un cuchillo, y dijo entre dientes: «¡Tienes suerte de que no te las clave en la espalda!». Lo peor fue su mirada. Me persiguió durante años. Me decía a mí mismo que era un gesto teatral, que no lo decía en serio. Cuando recordaba su mirada, sin embargo, ya no estaba tan seguro.

De alguna manera, me las arreglé hasta el inicio de mi pubertad. Cuando tenía 12 años, murió mi dulce, tranquilo y sabio abuelo paterno; y mi padre, que había sido algo así como un adicto al trabajo ausente hasta entonces, se desmoronó. Fue una época extraña, que nunca nos explicaron muy bien, en la que mi hermano menor y yo fuimos criados por mi abuela en Derbyshire. Luego volvimos a un nuevo hogar. La escuela que nos habían prometido, que sonaba tan emocionante y sensacional, no llegó a materializarse y, en su lugar, me mandaron a una escuela secundaria local, donde fui muy consciente de mi situación anómala como niño intelectualmente precoz de un hogar culto de clase media en una ciudad industrial de clase trabajadora del norte. Los primeros dos años allí, mi rendimiento académico fue desastroso. Al mismo tiempo, comencé a experimentar esa insensibilidad disociada que describía hace un momento. Mirando hacia atrás, me doy cuenta de que mi padre hizo un excelente trabajo «conteniendo» a mi madre, al menos los años después de recuperarse de su desmoronamiento. Pero lidiar con un adolescente con problemas además de con mi madre mientras trataba de salir de su depresión clínica era, como es comprensible, demasiado para él. La consigna que mi padre nos repetía una y otra vez a mi hermano y a mí era «No disgustéis a vuestra madre». Acallaba cualquier intento por mi parte de advertirle del empeoramiento de mi estado mental. Era un «histérico», un «melodramático», estaba «actuando», «fingiendo para llamar la atención». Estas fueron palabras y frases que interioricé con rapidez y que devolvía contra mí cuando comencé mi aislamiento. Ahora puedo entender el pánico que se escondía detrás de todo ello y lo perdono completamente, pero en ese momento fue como si sentenciase mi confinamiento en soledad. Tuve que encerrarme para no desestabilizar a mi madre y así evitar tácitamente la catástrofe que tácitamente entendíamos que, en caso contrario, se habría desatado. Si hubiese podido expresar la orden que en esa época me repetía inconscientemente, esta habría sido «no debes sentir, no debes sentir».

Salvo en la música. La música era el espacio de seguridad en el cual mis pasiones, tal y como decía Nietzsche, podían «disfrutarse a sí mismas». Como para el Greg de Sacks, me ofrecía «una puerta a las profundidades de mis sentimientos» que yo bloqueaba en el resto de asuntos. Aquello no era solamente música, claro. Aislado culturalmente de la mayoría de mis contemporáneos, no tenía ni idea de rock o pop (una gran pérdida: podría haber encontrado allí no solo alivio y expresión de mis emociones, sino también posiblemente la compañía de otras almas en crisis). Pero ya tenía a Shostakovich.

* * *

La idea de que el arte trágico tiene beneficios psicológicos para el público viene de antiguo. Es conocido que Aristóteles, en su *Poética*, escrita en algún momento del siglo IV a. C., desarrolló la noción de que la tragedia es importante porque puede llevarnos a la *catarsis*: una «purga» de nuestras emociones más dolorosas mediante el estímulo, cuidadosamente articulado, de la pena y el miedo. Aunque pueda sonar a suplicio, es algo que funciona para nuestro bien, según Aristóteles. Al igual que con la enfermedad física, una buena purga emocional puede hacernos sentir mucho mejor después y quizá prepararnos para enfrentarnos a lo que la vida nos ponga por delante. Al mismo tiempo, según nos cuenta Aristóteles, se produce un «placer especial» al presenciar obras trágicas que también puede resultar beneficioso. Seguramente, la propuesta de Aristóteles era, en parte, personal. Quería mostrar que su viejo mentor, Platón, se equivocó con respecto al arte. A Platón le emocionaban, sin duda, las artes, pero desconfiaba de su influencia. En su república ideal, los poetas y dramaturgos eran desterrados y los músicos tenían que soportar una fuerte censura. No, decía Aristóteles, la tragedia en particular puede ser buena para nosotros, no solo como individuos, sino también como comunidad. Podemos sentir placer juntos ante escenas desgarradoras, en parte porque sabemos que son «imitaciones» artificiosas, pero también porque están dramáticamente controladas, formalmente «contenidas». Dice mucho del potencial de los argumentos de Aristóteles que aún hoy en día, casi dos milenios y medio después, podamos tenerlos en cuenta.

No creo que escuchar la *Sinfonía n.º 4* de Shostakovich «purgase» mis emociones angustiosas –o al menos, no por mucho tiempo–. Sí me parecía cierta, sin embargo, la noción de «placer especial» de Aristóteles, así como sus reflexiones sobre la forma de la experiencia catártica. La *Sinfonía n.º 4* de Shostakovich expande las convenciones de la forma sinfónica hasta casi romperla. En ninguna de sus otras obras mayores se arriesga de esa manera con las nociones de «contención formal» y «control dramático». Formalmente, el enorme primer movimiento de la sinfonía es un desafío a la razón. Es una fusión, al estilo de Escher, de tres o incluso cuatro tipos diferentes tipos de formas clásicas. Para algunos, simplemente lleva esto demasiado lejos: es un caleidoscopio vertiginoso de vastos fragmentos irreconciliables. El *finale* parece tener más claro su propósito trágico hasta que la maniaca tropa circense irrumpe en el escenario. Entonces, llega la coda, la cual fue despreciada en aquella crítica que leí como adolescente como «un *non sequitur* colosal» y que, aún hoy, encuentro asombrosamente inevitable. Para mí, combina las cualidades que Aristóteles describía como «peripecia» y «reconocimiento»:[14] por un lado, la expectativa queda completamente destruida y, por otro, se puede sentir algo que se sabía a medias y se negaba de alguna forma, se convierte de pronto en algo abrumadora y devastadoramente claro, como el momento en el que Edipo, en *Edipo Rey* de Sófocles, se da cuenta de la terrible verdad sobre quién es y lo que ha hecho.

Si mal no recuerdo, no me convencían demasiado las desviaciones más salvajes de la *Sinfonía n.º 4* cuando la escuché por primera vez. Algo me atraía, sin embargo, poderosamente. Estaba seguro de que aquello tenía sentido en algún sitio. Tras escucharla en repetidas ocasiones, comenzó a emerger una convincente lógica «lateral». Como unas cuerdas que, sobre un abismo, sujetaran un gran peso. Cuando seguí la sinfonía con la partitura e intenté tocar algunas partes en el piano, me di cuenta de que algunas de mis primeras impresiones eran, simplemente, completamente erróneas. Había pensado inicialmente que había una profusión innecesaria de ideas: se desechaba motivo a motivo como cuando alguien habla demasiado rápido como para poder seguir sus ideas. Lo que comencé a descubrir fue que Shostakovich era mucho más austero en su uso del material temático de lo que había considerado inicialmente. Lo que parecían ideas diferentes en muchas ocasiones terminaban siendo lo mismo con diferente disfraz. ¡Y vaya disfraces! Ahí fue cuando empecé a entender algo que Shostakovich estaba descubriendo para sí mismo al tiempo que escribía la sinfonía.

Para Aristóteles, los dos elementos más importantes de la tragedia son el «carácter» y la «acción»: en una buena tragedia, el carácter, la acción y la consecuencia emocional debían de aparecer lógicamente interrelacionados, independientemente de cuántos reveses dramáticos de la fortuna se produzcan a lo largo de la historia. Decir que los temas de una sinfonía son como los caracteres de una obra de teatro suena superficial. Sin embargo, un

---

[14] «Inversion» en inglés.

buen tema tiene, de hecho, un carácter musical distintivo y las acciones –los cambios a los que se somete– solo son verdaderamente satisfactorios cuando se percibe que proceden, de alguna manera, del carácter del tema presentado al comienzo. Tema y desarrollo son tan cruciales para la *Sinfonía n.º 4* de Shostakovich como para la *Sinfonía n.º 5* de Beethoven. Incluso Beethoven habría reculado con recelo, no obstante, ante algunas de las cosas que Shostakovich hizo con sus motivos principales. Hacia el minuto veinte del vasto y aparentemente expansivo primer movimiento de la *Sinfonía n.º 4*, emerge una melodía en la trompa solista junto a lo que suena como un canto de pájaro en el clarinete. Hay algo conmovedor en este pasaje, ya que solo un par de minutos después experimenta una transformación asombrosa: el tema de la trompa lo braman con horror ahora las profundidades de las tubas, mientras que el canto de pájaro del clarinete se convierte en cuchilladas salvajes en los trombones, los agudos del viento madera y el xilófono. ¿Es realmente este el mismo tema que, solo un momento antes, parecía surgir de las páginas de un triste cuento de hadas?

Entonces, todo se corta de golpe para ser reemplazado por una pequeña marcha absurda y fanfarrona, orquestada como si el bloque del viento madera fuese un organillo de feria. Cuando ya se está convirtiendo en una pesadilla, también desaparece de pronto, y nos vemos atrapados, de repente, en la estela de una demente y atropellada carrera de las cuerdas. No parece haber ninguna conexión lógica o emocional entre estas ideas. Shostakovich parece haberse ido por varias tangentes absurdas. En su magnífico estudio sobre el trastorno bipolar y la creatividad, *Touched with Fire: Manic-Depressive Illness and the Artistic Temperament*,[15] Kay Redfield Jamison tiene mucho que decir sobre «el largo alcance de la na-

---

[15] Versión en castellano: Redfield Jamison, Kay, *Marcados con fuego. La enfermedad maníaco-depresiva y el temperamento artístico*, México, FCE, 1999.

turaleza tóxica y no causal[16] del pensamiento maníaco». Cita un pasaje de la novela *Humboldt's Gift*[17] de Saul Bellow:

«la voz de Humboldt se alzó, se sofocó y se alzó de nuevo... pasó de la declaración al recitativo, el recitativo alzó el vuelo hasta convertirse en un aria, detrás de él tocaba una orquesta de imitaciones, de virtudes, de su amor por su arte, de veneración de sus grandes figuras, pero también de suspicacia y falsedad. Ante el espectador, este hombre se recitó y cantó a sí mismo en arrebatos de locura.

Empezó a hablar sobre el lugar del arte y la cultura en el primer gobierno de Stevenson[18]... de aquí, Humboldt pasó a la vida sexual de Roosevelt... se movía con facilidad de los periódicos al General Rommel y de Rommel a John Donne y T. S. Eliot. Parece que sabía datos extraños de T. S. Eliot que nadie había escuchado antes. Rebosaba chismes y alucinaciones, así como teoría literaria. La distorsión era inherente, sí, en toda la poesía. Pero, ¿qué vino primero? Todo esto me cayó como un chaparrón encima... coristas, prostitución, religión, dinero viejo, dinero nuevo, clubs de caballeros, Back Bay, Newport, Washington Square, Henry Adams, Henry James, Henry Ford, San Juan en la Cruz, Dante, Ezra Pound, Dostoevski, Marilyn Monroe y Joe diMaggio, Gertrude Stein y Alice, Freud y Ferenczi».

Hay una diferencia significativa entre la fuga de ideas maníaca de Humboldt y los pasajes que examiné hace unos momentos de la *Sinfonía n.º 4* de Shostakovich. De la misma manera que el tema salvaje y como un bramido de la tuba es una reformulación de la melodía de «cuento de hadas triste» de la trompa, la marcha del organillo de feria y la fuga frenética de las cuerdas

---

[16] En el original *leapfrogging*, que puede hacer referencia a saltar al potro o pídola o bien a subir rápidamente puestos en una empresa sin pasar por puestos intermedios o interponiéndose entre otras personas. En este caso, su uso es metafórico e implica la emergencia de ideas sin conexión aparente *(N. de la T.)*.

[17] Versión en castellano: Bellow, Saul, *El legado de Humboldt*, Barcelona, Galaxia Gutenberg, 2009, entre otras ediciones.

[18] Se refiere a Adlai Stevenson.

resulta estar basada en el mismo patrón distintivo de notas, un patrón que ya se ha escuchado en el tema de apertura de la sinfonía. Muchas de las discontinuidades aparentes de este extraordinario movimiento se revelan como interconectadas entre una o ambas de las dos ideas musicales principales. Es como la observación, en Shakespeare, que hace Polonio al desvarío de Hamlet: «aunque esto sea una locura, hay, sin embargo, un método en ella».[19] Shostakovich no se está dejando llevar simplemente por una ola de ideas deslumbrantes en esta música –o no más de lo que parece haberlo hecho en la vida real–. Estas conexiones temáticas son las cuerdas que penden sobre el abismo y, me doy cuenta ahora, con verdadero asombro, de lo importante que fue ese descubrimiento para mí. Como enfermo bipolar, sé lo que es experimentar tal fuga de ideas maníaca. En el peor de los casos, fue algo verdaderamente aterrador, como un mal viaje de drogas. Incluso cuando no estoy en fase maníaca, soy consciente de cómo mis conversaciones pueden dispersarse por distintas tangentes de manera repentina. Para algunos amigos es entretenido, para otros apabullante, incluso preocupante. Le inquietaba, ciertamente, a mi madre, incluso cuando ella podía llegar a ser más vertiginosamente dispersa que nadie que yo haya conocido. Era otro de los aspectos de mi comportamiento que provocaron que mi padre, aterrorizado, intentara encerrarme. Me preocupaba seriamente mi propio proceso de pensamiento «tóxico y no causal», hasta que descubrí la *Sinfonía n.º 4* de Shostakovich. Cuando encontré las cuerdas de conexión en Shostakovich y tiré de ellas con fuerza, fue como si él personalmente me viniera a tranquilizar. La euforia que sentí no fue peligrosa: era controlada, expertamente redondeada por su extraordinaria música. Sentí el destello de una posibilidad abierta. Si Shostakovich había encontrado el «método», el hilo lógico de sus pensamientos torrenciales, quizá yo también podría hallarlo.

---

[19] «Though this be madness, yet there is method in't».

* * *

Lo que Kate me dijo en aquel concierto de Birmingham no fue «Ser como eras debió de ser como esta sinfonía», sino «Vivir con tu madre debió de ser como esta sinfonía». ¿Me ayudó la música a hacer frente a mi madre? Quizá, pero lo que recuerdo con más intensidad fue la tarde en que –parece improbable ahora, pero estoy seguro de que pasó– la persuadí para escuchar conmigo la *Sinfonía n.º 4* completa. Cuando estábamos llegando a lo que he llamado el «circo maníaco» del final, aumentó mi agitación. ¿Qué haría ella con todo aquello? ¿Entendería lo que estaba tratando (de manera solo parcialmente consciente) de decirle? Para mi sorpresa, encontró algo que yo solo había captado periféricamente. El canto de los pájaros que centellea brevemente en el primer movimiento se expande, aquí, en los pícolos y las flautas: a veces es extrañamente conmovedor, otras inquietante. «El pájaro es, claro, un símbolo de libertad», comentó, «que luego se quebranta». Me quedé helado. Quizás ella no me «escuchó», pero yo sí la había oído. Años después, leyendo *Portrait of a Lady*, de Henry James,[20] me topé con una línea que me trajo de vuelta a ese momento. La heroína de James, Isabel Archer, se encuentra atrapada en un matrimonio sin amor con el ególatra y mefistofélico Gilbert Osmond. En un momento de terrible claridad, ella observa su vida futura como «un oscuro callejón estrecho sin salida». Mi pobre padre no tenía nada de mefistofélico, pero el matrimonio para mi madre fue, parcialmente, una forma de salir de un hogar sofocante y sin amor. Como mujer superdotada en lo intelectual, ella debería haber ido a la universidad como sus dos hermanos, pero su padre lo impidió. Hubo momentos en los que era como un tigre enjaulado, pero era peor cuando caía en una desesperación remota y letárgica.

Si lo que escuchaba en la *Sinfonía n.º 4* de Shostakovich era una tragedia, ¿de quién era esa tragedia que yo estaba tratando

---

[20] Versión en castellano: James, Henry, *Retrato de una dama*, Madrid, Alianza, 2009.

de entender, de poner en una especie de perspectiva emocional, cuando volvía a esa música una y otra vez? Años después, y tras muchos autointerrogatorios, sospecho seriamente que había tanto de mi madre como de mí.

* * *

Hace poco, me impactó un artículo de la revista *The Week*, titulado «Por qué las historias tristes alivian el dolor»:

> «Durante mucho tiempo, se ha observado que la gente se siente mejor viendo dramas. Y ahora, los científicos han descubierto por qué: parece que, al igual que al bailar y hacer ejercicio, las historias tristes elevan nuestros niveles de endorfinas. El equipo de la Universidad de Oxford seleccionó 169 voluntarios para ver la adaptación televisiva de *Stuart: a life backwards*, la intensa biografía de Alexander Master, un joven sin techo alcohólico. Mientras lo hacían, otro grupo de control veía series de documentales sobre la geología y la historia natural. Antes y después de las proyecciones, los participantes pasaban un test que medía sus niveles de aceptación del dolor. Tenían que ponerse de cuclillas contra la pared (una postura conocida como "la silla romana") hasta que la sensación de incomodidad fuese insoportable. Se dieron cuenta de que los que habían visto la lacrimógena serie de televisión podían aguantar, de media, un 18% más que los que se habían tragado los documentales, sugiriendo así que la angustiosa historia había resultado ser un aluvión de endorfinas bloqueadoras del dolor. También eran más propensos, según los investigadores, a sentirse vinculados al resto de espectadores, seguramente debido a tal aumento.»

Buena parte de la *Sinfonía n.º 4* de Shostakovich suena como el esfuerzo de un hombre que lidia contra la catástrofe que todo lo abarca, a veces tratando de defenderse desesperadamente. Unos diez minutos antes del final, llega el momento en el que, finalmente, renuncia. Si podemos fiarnos de *Testimonio*, esta es la música que registra la respuesta de Shostakovich al trauma de la denuncia del *Pravda:* «... en las últimas páginas está todo expuesto con bastante precisión». La marcha fúnebre que abre el *finale* vuelve en *fortissimo* en los trombones y las tubas en el clímax del movimiento, a través del atruendo de los timbales, ocho trompas se combinan en una serie de convulsos sollozos agudos. No puedo pensar en este pasaje sin sentir una agitación visceral. La referencia a las «endorfinas bloqueadoras del dolor» en ese artículo de *The Week* me parece completamente acertada: es la respuesta neuronal a lo que, al menos parcialmente, explica el «placer especial» en el arte trágico en Aristóteles y mi deleite adolescente al oír esta música. Las emociones que se despiertan en la *Sinfonía n.º 4* de Shostakovich pueden ser dolorosas, pero al mismo tiempo son fascinantes, nobles y soberbias.

Para el equipo de Oxford la segunda conclusión era también significativa: aquellos que, en el grupo de control, habían visto *Stuart, a life backwards* «eran más propensos a sentirse vinculados a los demás espectadores». Robin Dunbar, el científico evolucionista que lideraba esta investigación, citaba un viejo dicho de los círculos del teatro: «Las personas vamos al teatro como individuos, pero salimos como público». Escritores modernos que se han ocupado de la tragedia, como Wagner en *La obra de arte del futuro*[21] o Nietzsche en *El nacimiento de la tragedia,*[22] han remarcado el elemento comunal de la tragedia griega, su capacidad de unir o incluso de crear comunidad. Esta idea perdura hasta hoy:

---

[21] Versión en castellano: Wagner, R., *La obra de arte del futuro*, Valencia, Universitat de Valencia, 2012.

[22] Versión en castellano: Nietzsche, F., *El nacimiento de la tragedia,* Madrid, Alianza, 2012.

los guionistas de culebrones televisivos aún buscan en las antiguas tragedias griegas el tipo de líneas argumentales que proporcionarán a la audiencia momentos compartidos para comentar en la pausa del café en la oficina. En las tragedias griegas hay también un fuerte componente ritual. Tal y como observa Roger Scruton, «las tragedias frecuentemente acaban con una lamentación formal, un canto mortuorio o un enterramiento ritual, en los cuales el sentido comunitario de restauración del orden moral es invocado por el coro». Ya hemos escuchado cómo, al final de la *Sinfonía* «Leningrado», los metales reforzados se unen a la orquesta en un desafiante himno masivo. Algo más remarcable y de múltiples capas se puede encontrar en la sección final de la *Sinfonía n.º 4* de Shostakovich, y es ahí donde lo que se relata en *Testimonio* no parece ser cierto. Tal vez Shostakovich llegara a pensar que en 1936 había encontrado su «salvación» separándose de los demás, pero incluso si *Testimonio* fuese un registro auténtico de sus pensamientos, esta conversación tuvo lugar en 1970, casi cuatro décadas después del acontecimiento. Hay elementos en su música, sin embargo, que parecen decir lo contrario: que el «Yo» consternado y aislado emocionalmente que escribió esta música aún pensaba en términos del «Nosotros».

La «lamentación formal» puede parecer demasiado lejana a la convulsa efusión de dolor que he retratado de la última parte de la *Sinfonía n.º 4*. Pero parte de lo impactante de esta música deriva de la maestría del compositor para controlar la secuencia de eventos. En este sentido, su «separararación» –por la que alcanza varios grados de distancia con respecto a las emociones que está articulando– seguramente operó a favor de la música. La primera parte de la «coda imponente» es un himno antifonal: un grito ritual colectivo del metal interrumpe las frases dignificadas, parecidas al canto de las trompas, trombones y cuerdas, que suenan más humanas. Todo el tiempo, de fondo, los tambores tocan incesantemente una especie de frenesí báquico. Descrito de esta manera, todo suena, de hecho, bastante cerca del mundo de la tragedia griega. El tema de la marcha fúnebre mahleriana del principio del movimiento se cuela de nuevo. Un último «grito colectivo» de la orquesta completa lleva el peso del cierre formal y, con ello, la liberación catártica. Luego viene el colapso, la quietud silenciosa, mientras fragmentos de temas anteriores vagabundean sombríamente... ¿Quizá sea esta, ahora, la salvación-pese-a-la-separación de la que se da cuenta en *Testimonio*?

Ahí, sin embargo, en las profundidades del bajo, hay algo que todo asiduo a conciertos ruso tendría que haber reconocido y que mi yo adolescente también conocía bien: un pulso calmado, como el del corazón -tac-tac, tac-tac, tac-tac-. Sin lugar a dudas, es un eco del final de otra gran sinfonía trágica rusa: la *Patética* de Tchaikovsky. Incluso desde su autoimpuesto aislamiento, esforzándose por salvar su propia cordura, Shostakovich cita a un clásico ruso muy querido, una obra que, para muchos rusos, materializa algo de la propia historia trágica de su nación. Parece que algo profundo en Shostakovich continuaba instándolo a seguir diciendo «Nosotros».

* * *

Hace unos quince años, hice una colaboración de radio con Victor Borovsky, el biógrafo del legendario bajista ruso Fyodor Chaliapin. Mientras atravesábamos los estrechos pasillos de la Casa de Radiofusión después de la sesión de grabación, le mencioné que estaba pensando en escribir un libro sobre Shostakovich (que habría sido muy diferente del actual). «Entonces, tengo una historia para ti», me dijo Borovsky.

En algún momento hacia el final de 1960, Shostakovich viajó con un amigo de Moscú a Leningrado en el *Krasnaya Strela,* en el tren exprés conocido como la «Flecha Roja». En esta época, el estatus de Shostakovich como compositor influyente en la URSS era bastante estable. Había sido profusamente condecorado, homenajeado públicamente y elegido, por unanimidad, como el Primer Secretario de la Unión de Compositores de la Federación

Rusa. El «sonriente hombre público» había decidido, en apariencia, que ya era seguro desprenderse de la sonrisa: en las fotografías oficiales de los últimos años de la década de 1960 y las de 1970, sus labios están, a menudo, fruncidos, los bordes de su boca se pliegan hacia abajo y sus ojos se esconden detrás de las gruesas lentes impenetrables de sus gafas. Su expresión en estas fotografías es habitualmente nerviosa, su postura es de autoprotección, un poco acurrucado, como si tratara de ocupar el menor espacio posible. Como era habitual, cuando el *Krasnaya Strela* salía de Moscú, el sistema de megafonía del tren comenzaba a rugir una terrible mezcla de música militar de banda: canciones de trabajadores heroicos, demagógicos himnos patrióticos, ruidosos, pomposos e insistentes sin sentido. Shostakovich, entonces, se levantó y salió del compartimento, como si tuviese que ir urgentemente al lavabo. De pronto, la música se detuvo. Shostakovich reapareció, se sentó de nuevo y, una vez más se replegó, por un momento, sobre sí mismo. Después, miró hacia arriba, inclinándose hacia delante con confianza hacia su compañero como si estuviera a punto de decir algo. En lugar de eso, introdujo sus dedos en el bolsillo superior de su chaqueta y extrajo unos pequeños alicates. Hubo un conato de sonrisa antes de que los alicates desaparecieran de nuevo, cuando Shostakovich volvió a su acostumbrada máscara de ansiedad.

* * *

Ha habido momentos, muchos de ellos en cafeterías o centros comerciales, en los que me habría gustado tener un par de alicates como los de Shostakovich. Lo que primero me impactó cuando Victor Borvsky me contó esta historia es que se escuchan los alicates en su música. Puede que no se desprenda de lo que he escrito hasta ahora, pero Shostakovich tenía un sentido del humor genial, a menudo malvado. Naturalmente, tenía cuidado de cuándo y dónde expresarlo, pero sus amigos recuerdan ocasiones en los que el humor fue un salvavidas tanto para ellos como para el compositor. Hay un agudo ejemplo en una carta que Shostakovich escribió en 1957 a Isaak Glikman, un íntimo amigo. Habían enviado a Shostakovich a Odessa para participar en la celebración del 40 aniversario de la fundación de la Ucrania Soviética (dado lo que sabemos hoy de las relaciones entre Rusia y Ucrania, podemos imaginar fácilmente lo alegre que tuvo que ser el evento). La carta de Shostakovich es, de alguna manera, insípida y punzante a la vez. Sabía que la podía abrir y escudriñar algún oficial: no debía contener nada que pudiera ser extraído y usado contra él. Sin embargo, quería que Glikman supiera cómo se sentía realmente. Comienza describiendo la escena: «Esta mañana, salí a la calle. Entenderás, por supuesto, que en un día como este, uno no puede quedarse en casa». Me encanta ese «por supuesto». ¿Qué encontró en la calle?

«Pese al tiempo, pues había niebla y era bastante lúgubre, todo Odessa copaba las calles. Por todos lados había retratos de Marx, Engels, Lenin, Stalin, y también camaradas como A. I. Belyayev, L. I. Brezhnev, N. A. Bulganin, K. Ye. Voroshilov, N. G. Ignatov, A. I. Kirilenko, F. P. Kozlov, O. V. Kuusinen, A. I. Mikoyan, N. A. Mukhitdinov, M. A. Suslov, Ye. E. Furtseva, N. S. Krushchev, N. M. Shvernik, A. A. Aristov, P. A. Pospelov, Ya. E. Kaliberzin, A. P. Kirichenko, A. N. Kosïgin, K. T. Mazurov, V. P. Mzhavanadze, M. G. Pervukhin, N. T. Kalchenko.»

Podemos hacernos una idea de esos retratos gigantes, pancartas de burócratas con expresión adusta, preparados con sobriedad e imaginar lo que sentían los habitantes de Odessa cuando miraban hacia arriba y veían a los que los gobernaban mirándolos con severidad. Sin embargo, insiste Shostakovich, debemos apartar inmediatamente esos pensamientos de nuestra mente:

«… las calles estaban llenas de banderas, eslóganes, carteles. Mirases adonde mirases, se podían ver resplandecientes sonrisas en radiantes rostros rusos ucranianos y judíos. En cada esquina se escuchaban gritos alegres para aclamar a los grandes nombres de Marx, Engels, Lenin, Stalin; así como el de los camaradas A. I. Belyayev, L. I. Brezhnev, A. Bulganin, K. Ye. Voroshilov...»

Y aquí se repite la lista de nombres completa. Shostakovich llega a su conclusión con un *crescendo* de gran ironía:

«... caminaba por las calles hasta que, incapaz de contener mi alegría, volví a casa y decidí describirte, lo mejor que puedo, el Día Nacional de Celebración de Odessa.

No me juzgues, te lo ruego, muy duramente.

Te besa con cariño,

D. Shostakovich»

Hay una canción de Shostakovich que refleja a la perfección el estilo de esta carta, solo que, en este caso, el tema es el compositor mismo. Se llama –es interesante hacer la prueba de pronunciar el título sin perder la seriedad– *Prólogo a la colección completa* de *mis obras y breves reflexiones sobre este prólogo*, op. 123. Es una cancioncilla sombría, casi inexpresiva, salvo por los saltos ascendentes de estilo cosaco carentes de alegría en la voz al final de las primeras frases. Comienza con un poemita satírico de Pushkin sobre la inutilidad de publicar poesía y luego, expresándose ya con sus propias palabras, Schostakovich pasa a presentarse a sí mismo junto a la lista de los numerosos premios, medallas, títulos y otros honores soviéticos recibidos, mientras la música continúa tan impasible como hasta entonces. He visto a gente en el público desternillarse de risa con esta canción –aunque por supuesto ayuda que el cantante sepa interpretarla logrando un equilibrio entre lo mordaz y lo impenetrable–. La verdad es que la risa espontánea es rara en los conciertos de música clásica, aunque muchos de los ejemplos que he presenciado fueron ocasionados por Shostakovich. Hay un punto en su *Sinfonía n.º 15* en el que siempre se ríe alguien. Al poco de comenzar el primer movimiento, el ritmo de tamborileo favorito del compositor, da–da–DA da–da–DA da–da–DA, de pronto se transforma en el famoso tema del galope de la *Obertura Guillermo Tell* de Rossini. Resulta que Rossini es uno de los primeros recuerdos musicales de Shostakovich, así que este podría ser uno de los casos en los que, de pronto, se diese cuenta del origen de una de sus huellas estilísticas propias: «¡Así que es de ahí de donde lo saqué!». Incluso cuando ya puedes anticiparlo, continúa arrancando una sonrisa.

La guinda de la historia de Victor Borovsky, para mí, era esa sonrisa conspirativa al final. Aunque fuera solo un destello, por un momento, sospecho, el placer de compartir la broma fue genuino. Hay muchos ejemplos de este tipo de confidencias en la música de Shostakovich. Alguien, en algún lugar, entiende el chiste: el humor también dice «Nosotros», además de «Yo».

Tomemos el final del *Concierto para cello n.º 1*, compuesto en 1959, seis años después de la muerte de Stalin. Comienza con la parodia de una melodía folclórica «oriental» estándar: mientras las cuerdas suenan a golpes de botas pesadas y crean armonías como la cantinela de una gaita, oboes y clarinetes en el registro agudo y más tarde la flauta y el pícolo chillan el tema tortuoso de la danza. Cuando se detienen, las cuerdas tocan una frase de cinco notas dos veces, cada una de ellas con una pequeña mueca en el viento madera como respuesta. Esto resulta que era una horrorosa caricatura de una melodía popular gregoriana, «Suliko» –supuestamente, la canción favorita de Stalin–. En ella, una mujer llora amargamente por su amado ausente: «¿Dónde estás, mi Suliko?». Según se desarrolla la canción, se vuelve evidente que el amado perdido está, en realidad, muerto. Shostakovich repite la pregunta de la cuestión de la joven de manera mordaz en el *Concierto*: «¿Dónde estás, mi Suliko, mi amante-asesino en masa?». Respuesta: protegido bajo tierra. La grotesca versión en el registro agudo del cello, «Suliko, Suliko», es casi lo último que escuchamos en el concierto. No se tiene que conocer la canción para captar el tono socarrón, un equivalente aural de meterse los dedos en la nariz o incluso un gesto aún más rudo. Por supuesto, pillamos mejor la broma si conocemos el contexto. Incluso el dedicatario del *Concierto para cello, n.º 1*, Mstislav («Slava»), Rostropovich, tuvo que hurgar un poco antes de comprenderlo. Según recuerda:

> «las alusiones [a Suliko]… están camufladas tan ingeniosamente que ni siquiera lo noté al principio. La primera vez que Dmitri Dmitriyevich tarareó el pasaje completo para mí, se rió y me dijo: "Slava, ¿no te diste cuenta?"».

No había notado nada.

> «¿Dónde está mi amado Suliko, Suliko? ¿Dónde está mi amado Suliko, Suliko?»

Cuando conocí a Rostropovich, unos años después, me contó que cada vez que volvía a ese pasaje veía a Shostakovich riendo y que muchas veces le costaba mucho esfuerzo no unirse a él.

Hay también bromas, sin embargo, que cualquiera puede compartir, incluso aquellos que no tienen conocimientos musicales ni de su contexto. Un ejemplo maravilloso se da al final de la *Sinfonía n.º 8*, escrita dos años después de *Leningrado*, cuando la Segunda Guerra Mundial comenzó a tomar un curso favorable a Rusia. Mientras que la *Sinfonía* «Leningrado» termina con un desafío aparente, en la *Octava* la tónica es de dolor desgarrador. El clímax masivo del final se percibe como un esfuerzo colosal para confrontar el trauma, aunque, de pronto, sucede algo que parecía tan improbable que, por unos segundos, es difícil de creer que estemos escuchando la misma sinfonía. El gorgoteo del clarinete bajo comienza una danza temblorosa, oscilante y ebria. Un ronco violín solista se une, alentador y burlón al mismo tiempo, a los movimientos desgarbados del clarinete bajo. ¿Qué es esto? ¿Y por qué *ahora*? Me recuerda a un momento de *Crimen y castigo,* de Dostoievski, en el que el detective Porfirio Petróvich, que tiene a Raskólnikov a punto de confesar el crimen, se enfurece cuando un obrero borracho irrumpe e intenta cargar él con la culpa. La tensión se quiebra repentina y ridículamente, como el aire de un globo y todos los sonidos de pedorreta que lo acompañan. Como Dostoievsky, Shostakovich ha ido tensando la cuerda poco a poco. En el momento de máxima tensión, cuando el metal está casi gritando de dolor, hacen su aparición los alicates y, con un hábil corte, todo desaparece, se disuelve en el aire. Me encanta por estas cosas.

* * *

Durante la mayor parte de su carrera, Shostakovich se las ingenió para parar antes de pasarse de la raya, logrando que la blasfemia política solamente fuera perceptible para aquellos con oídos dispuestos a escuchar. Para su fortuna, parece que la mayoría de los funcionarios dedicados a cribar el contenido de su trabajo no tenía tales oídos. Algunos de esos perros guardianes podían ser notablemente obtusos. Me han contado en más de una ocasión el encuentro de Shostakovich con uno de esos funcionarios. «Camarada», dijo el oficial, «ha escrito muchas obras en tonalidad menor. La tonalidad menor es triste. No hay lugar para la tristeza en nuestra gloriosa utopía socialista. Escriba más piezas en tonalidad mayor».

Incluso así, hubo momentos en los que las cosas se pusieron realmente feas para Shostakovich. Tomemos como ejemplo la *Sinfonía n.º 9*, compuesta y estrenada en 1945. Hitler había sido derrotado. La noticia de que Shostakovich estaba trabajado en su novena sinfonía pronto apareció en la prensa, acompañada por ávidas especulaciones. Un boletín de la agencia de noticias soviética (TASS) anunció que la nueva sinfonía estaría «dedicada a la celebración de nuestra Gran Victoria». A menudo se citaba una observación que Shostakovich había hecho el año anterior: «Estoy pensando en mi próxima sinfonía, la novena. Me gustaría usar no solo la orquesta completa, sino un coro y solistas, si encuentro un texto adecuado. En ningún caso quiero ser acusado de trazar analogías presuntuosas». Era ya demasiado tarde: inevitablemente, el último comentario generaba la comparación directa con otra *Novena* con coro y solistas: la imponente *Sinfonía* «Coral» de Beethoven. La Rusia soviética se preparaba para una obra maestra de autocelebración nacional, un «Himno de la alegría» que pudiese competir con el de Beethoven, con un reconocimiento pleno (se daba por hecho) del rol en la Gran Victoria del «Líder y Maestro», Josef Stalin. La esperadísima «Novena Soviética» resultó ser un caramelo envenenado, aunque de una forma absolutamente inesperada. No solo era sorprendentemente corta (menos de media hora) y orquestada para una orquesta pequeña, sin voces, ni solistas ni coro; sino que su carácter no parecía ni peligrosamente malinterpretable ni asombrosamente provocativo. En las palabras de la compositora Marian Koval: «La audiencia abandonó la sala sintiéndose muy incómoda, de alguna forma avergonzada por la travesura musical que Shostakovich había cometido y mostrado, cometida no por un jovencito sino por un cuarentón, ¡en un tiempo como aquel!». El público, según escribe Koval, fue obsequiado con un «viejo Haydn y un sargento americano maquillados de forma fallida para parecerse a Charlie Chaplin en cada una de las muecas y gestos caprichosos que atraviesan, como al galope, el primer movimiento de la sinfonía». Las consideraciones de Koval se republicaron en 1948, un año en que Shostakovich fue denunciado públicamente en el Primer Congreso de la Unión de Compositores y forzado a hacer una humillante declaración pública de arrepentimiento. Por lo que parece, Stalin no pudo olvidar esa «travesura musical».

* * *

¿Qué pasaría si el humor no funcionase? ¿Y si la carga eléctrica acumulada en esas enormes nubes negra de tormenta no se pudiera liberar con el simple corte de unos alicates? La siguiente sinfonía de Shostakovich, la *Décima,* fue escrita en 1953, el año de la muerte de Stalin. Por lo visto, se encontraba trabajando en ella cuando llegó la noticia oficial. Daría lo que fuera por saber en qué punto estaba la partitura cuando Shostakovich escuchó que el «Gran Timonel» de la Unión Soviética se había derrumbado, por fin, en su propia cubierta; aunque supongo que buscar señales explícitas en la música sería inútil: Shostakovich era demasiado profesional como para permitirnos hacer deducciones sencillas. En cualquier caso, el contenido de la *Sinfonía n.º 10* era, en el momento de su composición, un asunto privado. Al contrario que la *Cuarta,* pensada para su interpretación pública, la cual fue frustrada, la *Décima* iba directa al cajón del escritorio. No había forma en que pudiera ser interpretada mientras Stalin estuviera vivo, menos aún con su intensa paranoia de los últimos años. Es oscura, valiente y grandiosa. A pesar de su intensidad penetrante, Shostakovich nunca tuvo tanto control de sus recursos. El largo primer movimiento es uno de sus mejores estudios sobre la catarsis emocional. Al mismo tiempo, tiene la extrema inevitabilidad e integridad arquitectónica de una fuga de Bach. La reciente inmersión técnica y espiritual de Shostakovich en Bach, que lo llevó a componer sus propios *24 Preludios y Fugas* inspirados en él, había valido la pena.

El primer movimiento de la *Sinfonía n.º 10* dura unos 23 minutos, el segundo se acaba en algo más de cuatro y su impacto es desproporcionado con relación a su longitud. Es un torrente continuo de pura furia fundida. Cuando se publicó por primera vez *Testimonio,* en 1979, una observación pareció llamar la atención a todos los comentaristas. Shostakovich (si, efectivamente, son sus palabras) había venido hablando así del escándalo del estreno de la *Sinfonía n.º 9:*

«No podía escribir una apoteosis para Stalin, simplemente no pude. Sabía lo que me esperaba cuando escribí la *Novena*. Describí, sin embargo, a Stalin en mi siguiente sinfonía, la *Décima*. La escribí justo después de la muerte de Stalin, y todavía nadie ha podido adivinar de qué va la sinfonía. Es sobre Stalin y los tiempos de Stalin. La segunda parte, el scherzo, es un retrato musical de Stalin, más o menos. Claro que hay muchas más cosas ahí, pero esa sería la base».

Mis sentimientos sobre esta supuesta cita son encontrados. «Es sobre Stalin y los tiempos de Stalin.» Parece demasiado simple y reduccionista como resumen de una de las partituras más ricas y complejas de Shostakovich. El enigmático tema de la trompa que acecha en el tercer movimiento resulta ser, en realidad, una alusión en clave a una estudiante de la que Shostakovich estaba enamorado en ese momento. Después de haber declarado que el segundo movimiento «es un retrato musical de Stalin», quien habla añade un revelador «más o menos» y, acto seguido, se medio retracta de sus palabras apresuradamente: «Claro que hay muchas más cosas ahí». El párrafo sería, para mí, mucho menos creíble sin esa aclaración. No hay ninguna duda, sin embargo, de la imprecación feroz y encarnizada como núcleo de esta música. No cede ni un segundo. Y ahí, en medio de los violentos y penetrantes acordes en las cuerdas al inicio del movimiento, hay algo muy del «habla» de Shostakovich. El áspero sonido del viento madera presenta una referencia apenas camuflada del tema que abre la gran ópera trágica *Boris Godunov* de Mussorgski, un tema que parece encarnar el sufrimiento y aguante del pueblo ruso bajo el Zar Boris, enloquecido por el poder. Es otro momento devastador del «Nosotros», que casi todos los rusos asiduos a conciertos en 1953 habrán reconocido, quizá sacando sus propias conclusiones sobre quién podría ser ese zar enloquecido por el poder.

En el momento de escritura de la obra, sin embargo, todo esto era un secreto: solo se podía conseguir la tan desesperadamente necesitada liberación en privado. A mí me pasaba lo mismo –algo secreto, quizás, incluso, para mi propio comité de censores mentales–. De todas las emociones asociadas a mi complicada educación, la rabia es la última en salir plenamente a la superficie. En mi libro favorito de Freud, *Duelo y melancolía*,[23] Freud sugiere que la depresión (melancolía) puede ser una especie de dolor congelado. El paciente ha perdido algo o a alguien de vital importancia para él o ella, pero no reconoce la pérdida conscientemente, por lo que el proceso de duelo, por el cual la persona afligida se ajusta lentamente al mundo sin el objeto amado, queda bloqueada. A algún nivel, yo sabía que mis padres nunca serían la madre y el padre que yo, desesperadamente, quería que fueran. Fue solo unos años después, tras conocer a Kate y buscar ayuda psiquiátrica y terapia, cuando comencé a permitir que las emociones de dolor se derritieran y fluyeran.

Según el famoso «modelo de duelo» de Elisabeth Kübler Ross, hay cinco etapas en el duelo: negación, ira, negociación, depresión y aceptación. No hay un orden correcto entre ellas. Pueden ser recurrentes o alternarse como figuras de un móvil melancólico. En mi caso, la ira fue el sentimiento más difícil de «poseer». Era como si sintiese que no tenía derecho a sentir rabia o como si el único blanco verdaderamente merecedor de la furia y el odio fuese yo mismo. Recuerdo, sin embargo, con mucha claridad el momento en el que comencé a cambiar. Kate había venido a pasar unos días en casa de mis padres. Después, volviendo ya a casa, me di cuenta de que no estaba, precisamente, contenta (aunque nunca es fácil saberlo con Kate). Tras unos veinte minutos, paró el coche y se puso a llorar, a sollozar de verdad y con rabia. Resulta que, durante nuestra visita, mi madre le contó en privado cosas sobre mí que la conmocionaron y horrorizaron. No fue el contenido de lo que dijo lo que impresionó a Kate, sino que una madre pudiese ser tan negativa con respecto a su hijo. «Lo sien-

---

[23] Freud, S., *Duelo y melancolía*, Madrid-Buenos Aires, Amorrortu, 1993.

COMO SHOSTAKOVICH ME SALVÓ LA VIDA

to mucho», dijo, «tienes que estar espantado escuchándome decir esto». «No», respondí. «Me siento como si hubiese estado en un juicio durante años. Todo parece bastante desesperanzador. Pero entonces la defensa extiende su dado y anuncia un testigo sorpresa. Puedo escuchar al jurado murmurar: "quizá no es todo tan sencillo como pensábamos".» La rabia que Kate siente por mí me emociona más de lo que puedo decir y siento, en algún lugar de mi cuerpo, cómo algo se remueve en respuesta. ¿Podría permitirme a mí mismo sentir eso?

Tiempo después, me encuentro escuchando la *Décima* en la radio del coche. Cuando llega el scherzo del segundo movimiento, comienzo a temblar. Ahora era yo quien paraba el coche a un lado de la carretera. De una manera u otra, todo ese furioso dolor, largamente reprimido, había encontrado una salida, se las había arreglado para evitar a la KGB de mi propio cerebro. Mientras que antes había experimentado tales emociones terribles y peligrosas como pertenecientes a la música, ahora las podía sentir como propias. Una vez más, Shostakovich me había proporcionado un espacio seguro en el cual, en palabras de Nietzsche, las pasiones «se disfrutan a sí mismas». El scherzo de la *Décima* podía ser un viaje emocional en aguas bravas, pero del mismo modo que el parque de atracciones más puntero se las arregla para ser al mismo tiempo emocionante y perfectamente seguro. En 2006, cuando estaba haciendo el reportaje de radio sobre Shostakovich, hablé con Paul Robertson, el líder del Cuarteto Medici durante casi cuarenta años y posterior fundador del Colectivo Music Mind Spirit.[24] Este investiga la relación entre música, medicina, aprendizaje y ese concepto vago pero fundamental que es la *espiritualidad*. Robertson me contó su experiencia con el cuarteto en proyectos de musicoterapia, a menudo trabajando con personas que, por diversas razones, estaban paralizadas por la depresión:

---

[24] https://www.musicmindspirit.org

«según entiendo, gente que está clínicamente deprimida puede quedarse bloqueada y ser incapaz de moverse. Lo que puede hacer un compositor y lo que, desde luego, puede hacer la música, es poner una escalera desde ese lugar tan extremo y doloroso hacia fuera. En la exploración de una emoción profunda, que muchas veces es una emoción muy dolorosa, parte de lo que ofrece la música es algo que creo que, en los contextos médicos, se llama «locus de control». En otras palabras, permite externalizar tus propios sentimientos, y así puedes observarlos, puedes cambiar o, al menos, darte cuenta de que ese cambio es posible. Puedes ver que, desde el sufrimiento, ha sucedido algo verdaderamente hermoso, algo creativo, y eso, naturalmente, comienza a darle un sentido. Y si hay una cosa que creo sobre la condición humana es que todo se puede soportar si tiene algún tipo de sentido».

Fue durante aquellas sesiones de musicoterapia cuando Robertson llegó a una conclusión importante y asombrosa:

«Tocaba con el cuarteto para gente hospitalizada, a veces para gente que estaba desesperadamente enferma, en situaciones personales realmente nefastas. Resultó extraordinario porque, para empezar, de manera ingenua, solíamos elegir música que, generalmente, se consideraría alegre. Pero no, no funcionaba así. Nos dimos cuenta de que, si elegíamos algo como *La muerte y la doncella*, de Schubert, o el *Cuarteto n.º 8* de Shostakovich, resultaba ser la mayor de las consolaciones. Ahora, solo me queda entender por qué era así. Creo que había algo extremadamente liberador en ello, ya que después de todo, la cosa es que en la música, por más que nos atrape y nos absorba, en realidad siempre tenemos una alternativa, así que el «locus de control» permanece en nosotros. Y el mero hecho de que podamos elegir entrar en el candente mundo emocional de Shostakovich sabiendo en nuestro interior –aunque no sepamos cuán sutilmente– que podemos elegir salir –que somos libres de no estar allí– nos da una libertad filosófica extraordinaria, que es lo que realmente estamos buscando».

La libertad que sentí cuando escuché el scherzo de la *Décima* de Shostakovich fue, creo, más que filosófica. Durante cinco minutos, tuve permiso, como el cuervo de Ted Hughes, para «enarbolar la bandera negra de mí mismo». Paul Robertson tiene probablemente razón, no obstante, sobre ese «locus de control»: el prisionero es libre, por unos preciosos breves instantes, de expulsar su furia, gritando y bailando, como quiera. Nadie lo puede ver ni oír, no debe rendir cuentas a nadie –ni siquiera a sí mismo–.

* * *

Incluso ahí, sin embargo, en esa danza privada de furia, queda un componente del «Nosotros». La proclamación del motivo del *Boris Godunov* al comienzo eleva la imagen del pueblo oprimido, gritando a través de la música, exclamando a través de una música que pasa rápidamente de los acordes secos y punzantes de las cuerdas a una danza rusa frenética. De manera significativa, es después de este acto colosal de purga –medio privado, medio colectivo– cuando surge algo nuevo en la *Sinfonía n.º 10*. En torno a la época en la que estaba trabajando en la sinfonía, Shostakovich se inventó una «firma» musical. Se puede escuchar con claridad al comienzo del *Cuarteto n.º 8*. El cello toca cuatro notas: Re-Mi bemol-Do-Si.[25] En notación alemana (que tiene más letras que el alfabeto musical anglófono] se traducirían por D-Ess-C-H o, lo que es lo mismo, D. Sch.: las iniciales de Shostakovich según el alfabeto cirílico. Es, desde luego, una verdadera suerte que le salga un motivo tan memorable y expresivo, pero, además, Shostakovich capta su potencial y lo explota. En el inquietante movimiento

---

[25] D-Eb-C-B en notación inglesa *(N. de la T.)*.

nocturnal que sigue al scherzo catártico, D-S-C-H aparece misteriosa, grotesca y enfurecidamente e intenta –sin aparente éxito– entrelazarse con el tema de la trompa asociado (mediante uno de los códigos más complicados de Shostakovich) a la estudiante de la que estaba enamorado.

Es en el *finale* donde D-S-C-H realmente se hace notar. Al principio, parece que Shostakovich ha dejado tras de sí toda ira y toda pérdida. Una rápida danza rusa animada comienza y va tomando impulso a medida que las sombras de temas anteriores se van uniendo al festejo. En su punto álgido, sin embargo, la orquesta completa al unísono brama D-S-C-H, seguido por un golpe estrepitoso en el gong –Shostakovich es como un espectro de su propio festín–. Tras un momento de tensa reflexión, la danza comienza de nuevo. Al final, D-S-C-H se pone en el centro de la escena, aullando en el registro agudo de las trompas, dando patadas en la tuba y las cuerdas y, por último, como golpes maniacos en los timbales hasta que un *glissando* ascendente –sorprendentemente similar al que cierra el scherzo– hace caer el telón. He escuchado este final a veces con un aire triunfante, desafiante, sardónico o simplemente como pura desesperación –y, a veces, todo ello al mismo tiempo–, tanto en directo como en grabación. Pero siempre es estremecedor. Y en medio de ese caleidoscopio giratorio de emociones, hay una cosa que parece que D-S-C-H siempre me grita al final: «¡Aún estoy aquí!».

* * *

Comparto un té con Manashir Yakubov en su oficina en la Editorial de Shostakovich, en Moscú. Jeremy Evans, el productor, y yo vamos bien de tiempo con nuestro documental sobre Shostakovich. Hasta ahora, todas las contribuciones han sido estimulantes: algunas intervenciones potentes, llenas de carácter y, sobre todo, un gran abanico de perspectivas. Pero ambos creemos que podemos sacar provecho de hablar con alguien capaz de tomar distancia del tema y ayudarnos a armonizar, o al menos equilibrar, las aparentes contradicciones. Al hablar con Manashir Yakubov tengo poco a poco la sensación de que es la persona adecuada. Incluso la propia habitación –ordenada pero cómoda, llena de libros muy usados pero cuidadosamente ordenados– transmite tranquilidad. Todo parece decirnos que es un hombre cuidadoso, atento y que no tiene prisa en emitir juicios.

Espero, en especial, que Yakubov arroje luz sobre la paradoja nuclear entre la recepción y la reputación de Shostakovich –una paradoja que perdura obstinadamente, por muy críticas que sean las reacciones al cambio de la música–. Por un lado, Shostakovich es uno de los compositores más directamente comunicativos en el repertorio clásico. Su música conmueve, cautiva y reta a la audiencia de una forma que solo algunos de los grandes nombres del siglo XX pueden igualar: Mahler, Tchaikovsky o Beethoven serían evidentes parangones. Él es parte de la lista, vergonzosamente corta, de compositores de música clásica que escriben desde la II Guerra Mundial y cuyas obras garantizan una sala de conciertos llena. Evidentemente, es música que tiene mucho que decir. Pero cuando llega el momento de interpretar lo que la música está realmente diciendo, las opiniones se polarizan dramáticamente. En su punto álgido, la controversia ha sido cruel y tristemente dogmática, en gran parte centrada en reacciones a *Testimonio*. ¿Recoge este libro, tal y como defiende su editor Solomon Volkov, «las memorias de Shostakovich»? ¿O, quizá, como sostienen algunos, se trata más bien de una invención parcial o total? ¿Fue Shostakovich un siervo leal del Socialismo Soviético, tal y como ha insistido siempre el antiguo régimen, o fue lo que revela *Testimonio*: un disidente, que enviaba mensajes subversivos cuidadosamente camuflados a aquellos que detestaban a Stalin y cuanto hizo?

Con el tiempo, y particularmente desde la publicación de Elizabeth Wilson *Shostakovich: A Life Remembered* y de *Story of a Friendship* de Isaak Glikman, la antigua idea de que Shostakovich creía, en el fondo, en el Socialismo Soviético, parece haber perdido credibilidad. El debate se ha vuelto, afortunadamente, más minucioso. Queda abierta la cuestión, no obstante, de cómo se «debe» responder, por ejemplo, al supuestamente triunfante y enfático tono mayor del final de la *Quinta* y *Séptima Sinfonía* al de la *Décima*, donde D-S-C-H danza furiosamente a través de estallidos en un hiperbrillante Mi Mayor. ¿Es un triunfo o una tragedia oculta?

La respuesta a esta cuestión podría ser simplemente: «sí». Me gusta un comentario que Beethoven garabateó en el manuscrito de una de sus canciones: «A veces lo opuesto es también verdadero». Hay partes de *Testimonio* que me impresionan profundamente. Shostakovich, o alguien muy parecido a él, realmente parece ser quien habla. Pero si es Shostakovich, ¿qué Shostakovich? Una de las observaciones más reveladoras de *Testimonio* se encuentra no en el texto principal, sino en el prefacio de Volkov, en el cual describe las entrevistas en las que se basó (supuestamente) el libro: «a menudo se contradecía a sí mismo. Por eso, se tiene que intuir el verdadero significado de sus palabras, extrayéndolo de una caja con tres fondos falsos». ¿»Extrayéndolo»? ¿Y si las contradicciones son Shostakovich también y el verdadero significado *es* esa «caja con tres fondos falsos»?

Tuve la oportunidad de preguntarle estas cuestiones a Manashir Yakubov. Sus respuestas eran refrescantemente medidas, calmadas e irónicas. «El mundo que nos rodea es muy ambiguo y, en la música de Shostakovich, más que en ningún otro sitio, estas ambigüedades se expresan de una forma extremadamente sobresaliente, muy poderosamente.» Si las preguntas *son* el mensaje, ¿no están destinadas a ser interpretadas de una manera u otra? «El asunto es que la mera idea de que los humanos vivimos en un mundo libre es una ilusión. La conciencia humana puede estar dividida por la mitad, o en tres, en cinco o en diez en cualquier sociedad. Les decimos a nuestros hijos una cosa y lo contrario a nuestras esposas y maridos, a la vez que decimos una tercera cosa cuando salimos con nuestros amigos.» Como ciudadano en la esfera pública de un estado monstruosamente policial, Shostakovich pudo haber sentido la presión de «dividirse» hasta el grado de ser una amenaza para su salud mental; ya que, ninguno de nosotros, independientemente del tipo de sociedad en la que vivamos, podemos evitarlo. «Los humanos tenemos que vivir en sociedad mediante la ruptura de la conciencia en partes diferenciadas, a menudo partes contradictorias. Shostakovich expresa este problema, la naturaleza contradictoria de nuestra existencia de una forma condensada, sin diluir. Y es por eso por lo que lo necesitamos tanto.»

El poeta John Keats habla de la «capacidad negativa». Para Keats, los seres humanos estaban en su mejor momento creativo cuando «eran capaces de permanecer en la incertidumbre, los misterios, en la duda sin la irritante necesidad de alcanzar hechos y razones». Hay momentos en Shostakovich, especialmente en sus finales, donde nos encontramos de lleno con «incertidumbres, misterios y dudas». Gran parte de la interpretación partisana de ellas me resulta verdaderamente como esa «necesidad irritante de alcanzar hechos y razones». Si estamos buscando el significado de la música, como Paul Robertson nos recomienda hacer, entonces debe ser otro tipo de significado, el cual abarque la posibilidad de la incerteza que desafía a la razón.

Según escribo estas líneas, escucho los últimos compases de la *Suite sobre los Versos de Michelangelo Buonarroti* de Shostakovich tintineando suavemente en mi cabeza. Incluso para un devoto de Shostakovich como yo, la *Suite Michelangelo* puede ser difícil de abordar. Muchas de las últimas obras de Shostakovich están acosadas por pensamientos de muerte. La obra que Shostakovich sacó a la luz como su *Sinfonía n.º 14* es, en realidad, un ciclo de canciones orquestales en once movimientos, que, aunque se centra en el tema de la mortalidad, lo hace con un entusiasmo, brillantez y emotividad que puede llevar fácilmente a que el público se postre ante sus pies. Por comparación, gran parte de la *Suite Michelangelo* me suena como la exposición musical de una depresión –«exposición» en más de un sentido–. No me gustaría en absoluto escucharla en el estado de ánimo equivocado. En la climática décima canción, «Muerte» (¿Qué otra cosa podía ser?), un acompañamiento sombrío y esquelético apenas puede sostener las duras entradas del cantante: «la vida es corta y ya me queda poco por delante...», «mi alma me ruega que me muera...», «triunfa el error y la verdad no puede salir a la luz...», «Señor... ¿cuán buena es tu promesa de gran luz para todos si la muerte ataca primero y los deja para siempre en el estado en que los encuentra?». El Shostakovich prematuramente envejecido, físicamente frágil y aterrorizado, parece hablarnos directamente. ¿Puede ser así como todo acaba: «no con un estallido, sino con un gemido»?

Entonces sucede algo extraordinario. En un Fa sostenido mayor inconcebiblemente brillante, el pícolo y el clarinete (si escuchamos la versión orquestal) entonan, como si estuvieran de cháchara, una melodía chistosa que parece hecha a medida para un anuncio televisivo de chupa-chups (me imagino a niños emperifollados con una sonrisa falsa bailando con animales de dibujos animados un tanto inquietantes). «Mi destino quiere que me duerma aquí demasiado temprano», nos dice el cantante, «pero no estoy realmente muerto; aunque he cambiado de casa, vivo en ti». ¿Es el mismo Shostakovich el que nos habla? ¿Es irónica la alegre cancioncilla que nos dice que incluso ella es una esperanza vana? Si es así, ¿por qué es así? ¿Qué podría añadir la ironía al absoluto vacío de «Muerte»? Regresan las palabras de Manashir Yakubov: Shostakovich expresa «la naturaleza contradictoria de nuestra existencia de una forma condensada, no diluida. Y es por eso por lo que lo necesitamos tanto».

«No estoy muerto», concluye el cantante. Continúa el pulso de más acordes mayores silenciados, una celesta brilla por un momento como una cajita de música malformada, entonces, un acorde mayor repetido en el arpa se desvanece *morendo al fine* –«muriendo hasta el final»–. Esta es, seguramente, la conciencia fragmentada de la que hablaba Manashir Yakubov: «A veces lo opuesto es también verdadero». No hay ninguna cuerda colgando de este abismo. Debemos flotar sobre él, no forzar los hilos del hombre fantasma. ¿Estamos, de hecho, flotando, o más bien cayendo? Sea lo que sea: no hay nada que podamos hacer. Deja de esforzarte por aguantar y, quizás –eso parece decir Shostakovich– podrás, incluso, sonreír.

Para mí, ese es el mensaje hasta ahora. No estoy seguro de que hubiera sido capaz de entenderlo como adolescente o en mi juventud. Incluso ahora, solo en algunos momentos lo capto: tal y como escribe T. S. Eliot: «la humanidad / no puede soportar mucha realidad». El mensaje es, sin embargo, real. Y cuando miro hacia el extraño calvario de mi temprana vida hogareña, me parece escuchar esa música diciendo: «No es culpa de nadie». La culpa es una forma de darle sentido a la vida, pero nos mantiene prisioneros, atados (como diría Buda) al sufrimiento asociado a esa culpa. Nadie tiene la culpa: ni mi madre, ni mi padre ni tampoco yo –independientemente de que insistieran en ello las voces en mi cabeza–.

Quizás es por eso que tales momentos en Shostakovich –momentos en los que el compositor abre sus brazos y da la bienvenida al absurdo– a menudo nos llevan a una suerte de paz. Uno de los ejemplos más hermosos está al final de la *Sinfonía n.º 8*. Ya he descrito cómo su clímax catártico se detiene y cómo el silencio se rompe por el jugueteo tambaleante del clarinete bajo y de un violín folclórico medio burlón. Esta es una de las partituras más perfectamente entrelazada de Shostakovich: gran parte de la música, de una hora de duración, deriva de los dos intervalos delineados por las cuerdas en los primeros compases de la sinfonía. Los motivos del clarinete bajo y del violín, no obstante, no se pueden conectar con esa idea «germinal» del inicio –o, si se puede, es solo con ese tipo de lógica analítica enrevesada con la que podría conectar el primer tema de la *Eroica* de Beethoven con «Me gusta estar al lado del mar»–. Es lo que le sigue lo que hace al final de la *Octava* tan especial. Gradualmente, se recuperan los motivos principales de la sinfonía, pero el miedo, la desolación y el dolor asociados anteriormente con ellos han desaparecido. Al final, la música alcanza un descanso en un acorde etéreo en Do Mayor, que se mantiene largamente, un *pianissimo* sereno, despreocupado de recuerdos de viejos problemas, en la flauta y las cuerdas graves, que se desvanecen con suavidad.

* * *

Es difícil de creer hoy en día, pero las autoridades soviéticas se opusieron a todo esto en los años cuarenta, cuando la *Sinfonía n.º 8* era aún reciente. La recepción del estreno de la sinfonía en 1943 fue, en gran parte, enmudecida. Cuando su sucesora, la *Novena*, resultó no ser la monumental «Sinfonía de la victoria» que todo el mundo había anticipado, la marea política comenzó a volverse contra Shostakovich de nuevo. Solo que ahora era la *Sinfonía n.º 8* la que, paulatinamente, se presentaba como un ejemplo de todo lo que había salido mal. Después del infame «decreto Zhdanov» de 1948, cuando Andrei Zhdanov, el presidente del Tribunal Supremo soviético, denunció a Shostakovich como un «formalista burgués», la *Sinfonía n.º 8* se señaló como ejemplo de «individualismo insano» y «pesimismo antisocial». Zhdanov comparó la sinfonía con «una taladradora o con una cámara de gas musical». El frenético ánimo de alimentar la crítica alcanzó su punto álgido con comentarios como los del compositor Vladimir Zakharov, que insistió en que la *Octava* «no se podría llamar, de ninguna manera, composición, es una "composición" con absolutamente ninguna conexión con el arte de la música». La sinfonía estuvo censurada de manera no oficial hasta mucho después de la muerte de Stalin.

Al año siguiente del decreto de Zhdanov, Shostakovich escribió otra reveladora carta a su amigo Isaak Glikman. Tras agitar bien la botella del vinagre de la burla de uno mismo, va al grano. Sabía que incluso referirse a la desgraciada *Sinfonía n.º 8* en términos que no fuesen de absoluta desaprobación podía ser peligroso, pero también sabía que Glikman entendería de cuál de sus «composiciones» estaba hablando:

«Durante mi enfermedad, o mejor dicho, mis enfermedades, cogí la partitura de una de mis composiciones y la leí de principio a fin. Quedé asombrado por sus cualidades y pensé que debía estar orgulloso y contento de haber creado tal trabajo. Apenas podía creer que fuera yo quien lo había escrito».

La paz y la sensación de haber resuelto algo en lo que se ha trabajado tanto en el que, probablemente, fue el periodo más duro de su vida son profundas y verdaderas en las últimas páginas de la *Sinfonía n.º 8*. El comentario «debía estar orgulloso y contento» es particularmente revelador. En medio de la humillación pública, Shostakovich encuentra una profunda validación en su propia obra.

* * *

Cuando era niño, me encantaban los libros de Los Mumins, de Tove Jansson. Más recientemente, ya como adulto, tuve el gusto de volver a ellos y descubrir lo llenos que están de sabiduría, compasión y perspicacia psicológica. En el segundo capítulo de «La familia finesa Mumin», Mumin –como el Gregor de Kafka– experimenta una terrible metamorfosis. Mientras jugaba al escondite, se oculta en el interior de un enorme sombrero que él y sus amigos habían encontrado en lo alto de una montaña cercana. Ninguno se da cuenta de que es el sombrero de un duendecillo, con el poder de transformar cualquier cosa que se ponga dentro de él. Sin saber cómo, su figura simpática, rechoncha y como de hipopótamo se transforma en algo raro, feo y torpe. Cuando vuelve a salir, sus amigos reaccionan con asco. Al principio es divertido, pero pronto se torna espanto genuino, especialmente cuando la propia madre de Mumin no lo reconoce.

«Que pare este horrible juego, por favor», dice Mumin. «Ya no es divertido. Yo soy Mumin, y tú eres mi madre. ¡Eso es todo!».

«*Tú* no eres Mumin», le dice Snorkmaiden con desdén. «Él tiene unas orejas bonitas, pero las tuyas son como asas de un hervidor de agua».

Mumin está confundido y se agarra las grandes orejas arrugadas. «¡Pero soy Mumin!», estalla desesperado. «¿No me crees?».

«Mumin tiene una simpática colita, de tamaño normal, pero la tuya es como una escoba para limpiar la chimenea», le dice Snorkmaiden.

Y sí, amigos, ¡era verdad! Mumin se tocó la parte de atrás del cuerpo con una pata temblorosa.

«Tus ojos son como platos de sopa», le dijo Sniff. «Mumi es pequeño y bueno».

«Sí, eso», asintió Snfkin.

«¡Eres un impostor!», asertó el Señor Hemulen.

«¿No hay nadie que me crea?», decía Mumin suplicante. «Mírame con atención, mamá. Tú debes reconocer a tu Mumin».

Mamá Mumin lo escrudiñó. Miró profundamente a sus ojos asustados durante mucho tiempo y dijo con calma: «Sí, tú eres mi Mumin».

Y, en ese preciso momento, comenzó a cambiar. Sus orejas, ojos y cola comenzaron a encoger y su nariz y tripita a crecer, hasta que volvió a su forma anterior de nuevo.

«Todo está bien ya, querido», le dijo Mamá Mumin. «Ya ves, siempre te reconoceré, pase lo que pase.»

Si, en el momento equivalente en la *Metamorfosis de Kafka*, la hermana de Gregor le hubiese dicho: «Sí, tú eres mi Gregor», ¿habría él también cambiado mágicamente a su forma anterior?

* * *

Ese momento en que, en una fase de crisis, una madre mira a los ojos de su hijo o hija y le dice: «Sí, tú eres aún el niño que quiero» es fundamental para el desarrollo del niño. La literatura psicoterapéutica parece estar de acuerdo en esto, desde el muy influyente *El drama del niño dotado,* de Alice Miller,[26] al título menos rápido de leer *The Social Feedback Theory of Parental Affect-Mirroring: the Development of Emotional Self-Awareness and Self-Control in Infancy,* de Gyorgy Gergely y John Watson. Parece que, en un momento como ese, tiene lugar una gran gestión de actividad neurológica o, si prefiere, de actividad psicológica. Para empezar, la madre tiene que tener empatía con el niño. Por mucho que queramos creer que todas las madres la sienten naturalmente, las evidencias sugieren lo contrario. Algo puede haber ido mal en el proceso de unión entre la madre y el niño después del nacimiento, o previamente, en las primeras etapas de la propia relación de la madre con sus propios padres. En segundo lugar, la madre tiene que ser capaz de «sostener» a su hijo, no solo de manera meramente literal (aunque es importante también), sino también en un amplio sentido emocional. Los niños pequeños pueden experimentar las emociones como amenazadoras –demasiado intensas para contenerlas y, por ello, peligrosas para su estabilidad mental–. Una madre no solo reconoce y, así, comparte con amor la angustia del niño, ella también puede dejar que el niño exprese su ira, miedo o dolor mientras lo tranquiliza, verbal o físicamente: «Todo irá bien» –es fascinante cómo, incluso como adultos, usamos expresiones como esta cuando la gente que queremos está lidiando con el control de emociones complicadas–. La madre no tiene que hacer todo a la perfección (¡gracias a Dios!). Tal como expone el pediatra y psicoanalista D. W. Winnicott, ella solo tiene que ser «suficientemente buena»: «La madre suficientemente buena... comienza con una casi completa adaptación a las necesidades

---

[26] Miller, Alice, *El drama del niño dotado*, Barcelona, Tusquets, 2020.

del infante y, según pasa el tiempo, ella se va desadaptando poco a poco por completo, en concordancia con la creciente habilidad del infante de gestionar sus errores». Si la madre es «suficientemente buena», puede tener lugar, entonces, ese reconocimiento crucial de Mamá Mumin a Mumin y que la hermana de Gregor Samsa no consigue hacer (pese a la promesa de su interpretación al violín). Si no es así, el niño es abandonado a su suerte, hundiéndose en el mar tormentoso de sus propias emociones, incapaz de mirar a los ojos de su madre y leer su mensaje, el cual es, fundamentalmente, también «suficientemente bueno», pese a lo difícil y desafiante que pueda llegar a ser este mensaje.

* * *

Nunca fue ese el mensaje que recibí de mi madre. A veces, cuando la complacía, era sofocantemente afectuosa. Podía ser también increíblemente entretenida –era una lectora verdaderamente maravillosa–. (¿Me leyó *ella* los cuentos de Mumin?) Pero, cuando era incapaz de complacerla, mi fracaso era absoluto y ella no hacía ningún esfuerzo para ocultar su disgusto. Aprendí a evitar su mirada. Podía ser emocionante, incluso motivo de admiración, cuando mostraba mi necesaria precocidad a amigos y familiares, pero también podía ser penetrante y agotador. Era absolutamente impredecible. Me acuerdo de preguntarle con frecuencia, después de haber visitado a alguien: «¿Me he portado bien?». Mi suerte del día o los días siguientes dependía de su respuesta. A veces, no respondía nada en absoluto. Era lo peor. Cuando evitaba mi pregunta aprehensiva y se quedaba mirando al infinito. No podía ni siquiera soportar mirarme. Había algunos pocos momentos en los que parecía que mi madre disfrutaba en mi compañía. Pero, entonces, llegó la adolescencia. Como Mumin, me desvié inocentemente al interior del sombrero del duende del desarrollo de la sexualidad masculina y me dejé, de manera imperdonable, transformar. Me acuerdo de que, por aquellos días, solía venir a visitarnos un gatito atigrado. A mi madre y a mí nos encantaban los gatos, y la llegada de uno la tomamos como un buen presagio. El gato, no obstante, desapareció durante un tiempo. Cuando volvió, había crecido y había adquirido impresionantes características masculinas. «¡Odio cuando crecen y se empiezan a convertir completamente en machos!», dijo mi madre con una voz que podía contener lava helada.

Sí, bueno, puede ser difícil que lidiar con los adolescentes, pero mi madre dejó claro que no estaba dispuesta siquiera a intentarlo –especialmente después de la crisis nerviosa de mi padre–. Me acuerdo de una vez en la que –yo debía tener 16 años– me derrumbé y me puse a llorar en la mesa de la cocina. Normalmente, habría enviado mis emociones a algún lugar remoto, pero las cosas habían ido, evidentemente, demasiado lejos. Estaba agotado, porque tanto mis iguales como los adultos no dejaban de repetirme que yo estaba, de alguna manera, «mal», y también porque padecía un extraño acoso, de carácter homoerótico y casi ritual, de dos aterradores chicos mayores. El muro de contingencia, finalmente, colapsó. Mi madre rechazaba mirarme. Por el contrario, justificó, hablando entre dientes, el abuso: yo era «estúpido», «histérico», «egocéntrico» y mucho más… Algunos de los adjetivos no tenían sentido ni siquiera en mi bien desarrollado léxico de autoodio.

Ahora entiendo que también mi madre estaba intentando mantenerse a flote y estaba tratándome, casi seguro, como sus padres la trataron a ella. Lo que sentía era, probablemente, mucho más cercano al pánico que al odio hacia mí. Al leer las memorias de Paul Robertson, *Soundscapes: A Musician's Journey through Life and Death*, me impactó lo parecidos que eran sus recuerdos de su propia madre: «Nunca fue dada a la reflexión y, atrapada por la garra de sus miedos internos, era capaz de decir las cosas más crueles». Cuando, al final, mi madre perdió la cordura por completo y fue internada en un psiquiátrico, me removió profundamente lo que vi. Se inclinaba con ansiedad hacia adelante, miraba fijamente al frente, sus manos estaban entrelazadas en un gesto de súplica, daba vueltas y vueltas en círculos mentales, atormentándose una y otra vez con las mismas preguntas dementes; todo a una velocidad vertiginosa.

Ninguna medida para apaciguarla surtía efecto: aunque respondiésemos a una de sus terribles preguntas, ella lo rechazaba y se zambullía inmediatamente en otra. En tanto adolescente, me sentía como una rata en una trampa y me parecía que cada espejo que me encontraba reflejaba al inmundo roedor, cobarde y despreciable, que yo sentía que era.

O casi cada espejo.

* * *

Hacia el final de *Soundscapes,* de Paul Robertson, me topé con algo que me dejó paralizado:

> «Anhelaba saber, desde la experiencia de otras personas, el tipo de amor incondicional que la mayoría de nosotros experimentamos en el útero y en el pecho de nuestra madre. Por supuesto, también aspiraba a lograr esto en las intimidades del amor físico, pero, en realidad, lo más cerca que estuve de sentir algo así fue con la música.
>
> No resulta sorprendente que la mayoría de las sustancias químicas que tomamos como indicadores de estar experimentando intimidad, placer y confianza (como la oxitocina, los opioides y la serotonina, intervengan en el sistema de recompensa musical del cerebro). Que la música puede mimetizar, reflejar y estimular el comportamiento amoroso es un hecho; es, de hecho, "el alimento del amor"».

Lo que Paul Robertson dice sobre los indicadores químicos de la intimidad resulta llamativo, sobre todo con respecto a la oxitocina. Ese es el componente químico que, a veces, es considerado como la «hormona del amor». Está suficientemente fundamentado a nivel científico que la oxitocina desempeña un papel significativo en los lazos maternales y románticos y, estudio tras estudio, se ha mostrado cómo el contacto visual entre dos personas puede aumentar los niveles de oxitocina en el cerebro, intensificando los sentimientos de empatía y estima. También puede tener un efecto calmante. Según el *Journal of Clinical Nursing* (agosto 2009), se ha observado que la música incrementa los niveles de oxitocina en pacientes sometidos a reposo absoluto tras una operación a corazón abierto y que reduce los niveles de dolor, estrés y ansiedad.

Por muy reconfortante que sea tener tal respaldo científico, no estoy sugiriendo, ni por un momento, que esto «explique» lo que sucede en la mente y cuerpo de Mumin cuando su madre lo mira a los ojos o lo que no ocurre cuando la hermana de Gregor Samsa no consigue reconocerlo. Para profundizar en lo que el neurocientífico Antonio Damasio llama «la sensación de lo que ocurre» –la experiencia subjetiva real, no la actividad observable en el cerebro humano– tengo que volver a un filósofo y, brevemente, a otro compositor. En su *Death Devoted Heart: Sex and the Sacred in Wagner's Tristan and Isolde,* Roger Scruton describe cómo, en el Primer Acto de la obra maestra trágico-erótica de Wagner, Isolda le revela a su doncella, Brangäne, lo cerca que estuvo de matar a Tristán. Creyendo que Tristán, enfermo, era otra persona, ella lo cuidó hasta que se curó completamente. Entonces descubrió que era el hombre que había matado a Morold, su prometido. Isolda cuenta cómo cogió la espada de Tristán, con la intención de matarlo, pero en el momento crucial él la miró directamente a los ojos:

Von seinem Lager
blickt' er her –
nicht auf das Schwert,
nicht auf die Hand –
er sah mir in die Augen.

[Desde su cama,
me miró –

no a la espada
no a la mano –
me miró a los ojos.]

Esa «mirada de amor», según Scruton,

«es la fuente del encantamiento amoroso, y tiene una resonancia metafísica más allá de lo que alcanzan las palabras. Wagner se dio cuenta de que, para dramatizar la historia de Tristán e Isolda, para hacer plausible a todos los niveles que esos amantes tuvieran que estar unidos inseparablemente el uno al otro sin entender por qué, tenía que dramatizar la mirada que los conectaba desde el principio, ya que esta los unió simultáneamente en cuerpo y alma. Hacerlo directamente habría sido imposible: desde la perspectiva del espectador no hay nada en una mirada salvo los ojos. El espectador no puede saber con qué se encuentran cada par de ojos, o *qué* miran profundamente los ojos. La misteriosa percepción del otro como un yo, en el ojo desde el que me mira, solo está disponible para mí, el sujeto».

Pero Wagner tenía más a su disposición que el espectáculo teatral y la narrativa verbal. Él tenía la música:

«cuando Isolda recuerda la mirada de Tristán, la orquesta acompaña sus palabras con un motivo que las explica, insertando en la devenida trémula narración el más suave de los suspiros de tristeza. La ira de Isolda se ha esfumado. En ese momento, vosotros, la audiencia, os convertís en Isolda, veis con vuestros oídos, por así decir, la indescriptible mismidad que yace escondida dentro de la mirada amorosa».

He visto y escuchado interpretaciones de *Tristán e Isolda* de Wagner en las cuales la «resonancia metafísica» se transmite maravillosamente: es la encarnación, en la música, del encantamiento de amor. Si todo esto es un delirio, entonces estoy con Nietzsche: «quizá los seres humanos necesitan el delirio para poder vivir».

Nadie sabía más sobre la profundidad de esa necesidad que el primer mentor de Nietzsche: Wagner. En una carta de 1855, no mucho antes de que comenzase a trabajar en la ópera, Wagner dejó claro lo que esperaba conseguir en *Tristán e Isolda*:

> «en la medida en que nunca, en toda mi vida, he probado la felicidad verdadera del amor, trato de alzar un monumento al más hermoso de los sueños, en el cual este amor será, por una vez, plenamente realizado. Este es el plan que tengo en mente para Tristán e Isolda».

No soy, de ninguna manera, el primero en preguntarme si la «felicidad verdadera del amor» de la que hablaba Wagner era tan maternal como erótica. La primera infancia de este estuvo marcada por la privación. Su origen era suficientemente acomodado en términos materiales pero, cuando tenía cinco meses, estalló la llamada «Batalla de las naciones»[27] en las inmediaciones de la ciudad en la que vivía, Leipzig. Las tropas napoleónicas, que volvían del horror de la campaña en Rusia, se toparon con las fuerzas unidas de Prusia, Rusia y Austria. El conflicto se cobró alrededor de cien mil vidas en el campo de batalla, mientras que Leipzig, aislada por el conflicto, moría de hambre. Algunos creen que el extraño físico de Wagner –una enorme cabeza en lo alto de un cuerpo pequeño y sin desarrollar– fue consecuencia de los efectos de la malnutrición. No parece que la madre de Wagner, Johanna Wagner, dedicara mucho tiempo a tratar con ternura maternal a su hijo hipersensible. Tenía una numerosa familia que atender y, cuando el pequeño Richard comenzó a

---

[27] Más conocida en el contexto hispanohablante como Batalla de Leipzig, que tuvo lugar entre el 16 y el 19 de octubre de 1813 *(N. de la T.)*.

levantarse cada noche, gritando a consecuencia de las terribles pesadillas que tenía, fue confinado a una habitación al fondo del apartamento familiar donde, como contaría más tarde, se sentía aún más aislado y aterrorizado. Los estallidos desesperados de Tristán, enfermo en su lecho, en el tercer acto de la ópera pueden provenir de ese mismo lugar de aislamiento y terror:

muß ich der Nacht enttauchen –
sie zu suchen,
sie zu sehen,
sie zu finden,
in der einzig
zu vergehen,
zu entschwinden.

[Debo sumergirme en la noche,
para buscarla,
para verla,
para encontrarla
y tan solo
perecer con ella
y consumirme.]

No conozco ninguna obra musical que exprese el anhelo existencial agónico de forma más conmovedora e inquietante que *Tristán e Isolda*. Hay también, sin embargo, algunos ejemplos, como el comentado anteriormente, en el Primer Acto, donde percibimos la posibilidad de la búsqueda incansable de la reconciliación. Estos momentos visionarios me han hecho, a veces, preguntarme si la falta de algo vital podría intensificar, en aquel que sufre, la conciencia de la cosa que falta –exactamente de la misma manera que se dice que un hombre y una mujer que están hambrientos sueñan con comida con todo lujo de apetitosos detalles–. (Y, por lo que he leído de Tove Jansson, también ella ha confiado mucho más en la imaginación que en la memoria cuando ha descrito el efecto curativo de la «mirada de amor».)

* * *

¿Puede, la música, funcionar como sustituto del amor incondicional de una madre? Cuando la escuchamos, ¿no nos contempla, después de todo, otro «Yo»? Como dice Ernst Bloch, cuando escuchamos música «solo nos escuchamos a nosotros mismos» –a nosotros mismos parcialmente reflejados a través de otra personalidad musical encarnada, pero aun así no del todo otra persona–. «Hay algo en la escucha que convierte los peores sentimientos en algo hermoso…» En tales momentos, la música puede sostener frente a nosotros el espejo que estábamos anhelando. Y, cuando lo hace, nos podemos encontrar preguntándonos, con Gregor Samsa: ¿cómo puedo ser una bestia bruta, un insecto, si la música me hace sentir de esta manera? La música se convierte, como señala Paul Robertson (siguiendo a Shakespeare), en «alimento del amor» de una mente decidida a sobrevivir.

En su libro *A Way of Being*, el psicólogo Carl Rogers propone una poderosa metáfora:

«Recuerdo que, en mi niñez, el recipiente en el que almacenábamos nuestro suministro de patatas para el invierno estaba en el sótano, a poca distancia de una pequeña ventana. Aunque las condiciones eran desfavorables, las patatas empezaban a brotar, con brotes pálidos y blancos, a diferencia de los saludables brotes verdes que echaban cuando se plantaban en el suelo en primavera. Esos tristes y delgaduchos brotes crecían más de medio metro de altura para alcanzar la luz distante de la ventana. Los brotes eran, con su crecimiento extraño y fútil, una suerte de expresión de la tendencia direccional que he estado describiendo. Nunca llegarán a ser plantas, nunca madurarán, nunca realizarán su potencial real. Pero bajo las circunstancias más adversas, se estaban esforzando por llegar a ser algo. La vida nunca se rinde, incluso aunque no pueda florecer».

Sé que nunca habría llegado a florecer verdaderamente en la vida si otros seres humanos reales no hubieran visto mi «esfuerzo por llegar a ser algo» y si no me hubiesen ayudado: mi tía, que pasó a ser casi más como una madre que mi madre biológica, mis pacientes y resueltos amigos, el terapeuta jungiano que visité en mi treintena; y, sobre todo, Kate. Pero esas sanas influencias fortalecedoras llegaron tarde a mi vida. Antes de ellos, tuve la música y, si necesito alguna prueba de lo que la música hizo por mí, solo necesito prestar atención a una evidencia indiscutible: estoy vivo y aún en crecimiento.

* * *

¿Consideró Shostakovich seriamente alguna vez escapar de su infierno socialista soviético? Varios de los amigos de Shostakovich a los que he conocido insisten en que no, que sentía su propio destino profundamente entrelazado con el de su gente. Tenía que quedarse y dar testimonio; su sentido de la responsabilidad siempre prevaleció. Hubo un momento de su carrera, en el verano de 1960, cuando consideró la posibilidad de otro tipo de escape. Tal y como ya he comentado, hasta entonces había conseguido arreglárselas para evitar ser miembro del Partido Comunista. Pero las autoridades soviéticas estaban ansiosas por mostrar al resto del mundo cuánto habían cambiado las cosas en la URSS desde la muerte de Stalin. Era la época conocida como «El Deshielo»: el periodo de liberación política y cultural promovida públicamente por el nuevo secretario del Partido, Nikita Khrushchev. Entoces era posible reconocer que Shostakovich había sido víctima de los peores excesos del «culto a la personalidad» de Stalin. Si lo persuadían ahora para entrar en el Partido, sería un golpe para el Oeste: ¡el más grande compositor vivo de Rusia les daba su sello de aprobación!

El 29 de junio de 1960, Isaak Glikman recibía una llamada de Shostakovich en la que le rogaba que fuera inmediatamente a su apartamento. Glikman estaba horrorizado de lo que iba a encontrar allí. Nunca antes, desde que se conocían, había visto a su amigo en tal estado de desesperación. Shostakovich se desplomó en su cama y comenzó a llorar convulsivamente. Al final, se calmó lo suficiente como para responder a las repetidas preguntas de Glikman: «Me han estado buscando durante muchos años, persiguiéndome...». Glikman se las apañó, tras una hora, para que Shostakovich le contase qué había pasado. Astutamente, Khrushchev intentó acercársele de manera oblicua. Se había decidido, así habían informado a Shostakovich, que se convertiría en el nuevo presidente de la Unión de Compositores de la Federación Rusa. ¡Qué gran honor! Solo había un problema: para poder hacerse cargo de su nuevo puesto, tenía que ser miembro del Partido Comunista –¿Seguro que esto era solo una formalidad?–. La tarea de convertir a Shostakovich en militante se le encargó a un oficial de nombre P. N. Pospelov, un hombre diestro en las artes de la persuasión. En su *Story of a Friendship*, Glikman se refiere a las «palabras exactas» que le dijo Shostakovich:

«Pospelov ha intentado con todos sus recursos persuadirme para que me una al Partido, en el cual, según dijo, hoy en día se puede respirar fácilmente y con libertad. Pospelov puso por las nubes a Nikita Sergeyevich [Khrushchev], hablando sobre su juventud –sí, «juventud» fue la palabra que usó–. Me contó todos sus maravillosos planes y sobre cómo, realmente, era el momento de que me uniera a las filas del Partido, que ya no lo encabezaba Stalin sino Nikita Sergeyevich. Prácticamente, perdí la capacidad de hablar, pero de alguna forma me las apañé para balbucear la indignidad de aceptar tal honor. Agarrándome a un clavo ardiendo, dije que nunca había conseguido entender adecuadamente el marxismo y que, seguramente, tendría que esperar hasta que lo hiciera. Después, alegué mis creencias religiosas y luego traté de argumentar que no había ninguna razón de peso por la que el presidente de la Unión de Compositores tuviese que ser miembro del Partido, y mencioné a Konstantin Fedin y Leonid Sobolev, que no pertenecían al Partido y encabezaban la Unión de Escritores. Pero Pospelov no escuchaba mis objeciones y mencionó, en varias ocasiones, el especial interés de Khrushchev en el desarrollo de la música, el cual sentía que yo tenía la obligación de apoyar».

En encuentros previos con oficiales e interrogadores, Shostakovich había aguantado con tenacidad. Pero Pospelov se había cubierto bien las espaldas. Todo lo que tenía que hacer era desgastar a Shostakovich. Al final, fue demasiado: «Más adelante, tuve otro encuentro con Pospelov, cuando había renovado sus energías y una vez más, simplemente, me arrinconó. Al final, perdí los nervios y cedí». Shostakovich se habrá dicho a sí mismo que era inevitable, que había momentos en los que uno debía someterse a su destino, pero la vergüenza de esa capitulación, por más que fuera forzada, era abrumadora. «Entonces no supe verlo», nos cuenta, más adelante, Glikman, «pero en pocas semanas estaría derramando los problemas que le carcomían profundamente y aliviando su alma en el *Cuarteto n.º 8*».

* * *

Shostakovich escribió el *Cuarteto de cuerda n.º 8* durante su visita a la Alemania del Este en julio de 1960, un mes después de su encuentro con el taimado P. N. Pospelov. Oficialmente, se dice que Shostakovich lo compuso después de que viera la escena de la horrible destrucción producida en Dresde durante la II Guerra Mundial –algunos de los edificios más elegantes de la ciudad aún estaban en ruinas en 1987 cuando visité por primera vez la ciudad–. Cuando se publicó el *Cuarteto*, llevaba una dedicatoria «a las víctimas de la guerra y el fascismo». Me sorprendería descubrir que a Shostakovich le fue indiferente lo que vio en Dresde (a mí, verdaderamente, me impactó); y «la guerra y el fascismo» habían hecho estragos en él y muchos de sus amigos. Pero no era eso lo que ocupaba el primer lugar en su mente cuando compuso el *Cuarteto n.º 8*. En la carta a Glikman que acabo de citar, el compositor explica cómo intentó trabajar en un par de proyectos cinematográficos censurados por el Partido, pero, en su lugar, se encontró escribiendo «este cuarteto ideológicamente defectuoso que no es de utilidad para nadie». Y sigue: «empecé a pensar que, si me muero un día, es improbable que nadie escriba ningún trabajo en mi memoria, así que mejor lo escribo yo mismo. La primera página puede llevar la siguiente dedicatoria: "A la memoria del compositor de este cuarteto"». Y la carta prosigue –en un tono medio conmovedor, medio ácido– describiendo cómo el *Cuarteto* está saturado de referencias musicales. Su tema fundamental es la propia firma musical de Shostakovich, D-S-C-H, la cual escuchamos, por última vez, danzando de manera desafiante o histérica o ambas cosas, en las últimas páginas de la *Sinfonía n.º 10*. Tras eso, aparecen citas de las *Sinfonías n.º 1* y *n.º 5* de Shostakovich, su *Trío para piano n.º 2*, su *Concierto para cello n.º 1* y la ópera *Lady Macbeth*. Hay referencias veladas a la Marcha fúnebre de *El ocaso de los dioses* de Wagner y esa cita autolaceradora de la *Patética* de Tchaikovsky que ya mencionamos. Es, según Shostakovich,

«un pequeño y simpático batiburrillo, en realidad. Es un cuarteto pseudotrágico; tanto que, mientras lo componía, me deshice de la misma cantidad de lágrimas que si tuviera que orinar media docena de cervezas. Cuando llegué a casa, traté un par de veces de tocarlo completo, pero siempre terminaba llorando. Era una respuesta, por supuesto, no tanto a la pseudotragedia como a la unidad superlativa de la forma, que me seguía sorprendiendo. Se podría detectar, claro, un punto de autoglorificación, la cual, sin duda, pasará pronto y dejará en su lugar la habitual resaca de autocrítica».

Los alicates de nuevo. Pero esta vez tildados de instrumento de automutilación. Otro amigo de confianza, el musicólogo Lev Lebedinsky, escuchó algo aún más siniestro:

«el compositor dedicó el *Cuarteto* a las víctimas del fascismo para disfrazar sus intenciones, aunque, como se consideraba a sí mismo víctima del régimen fascista, la dedicatoria era aceptable. Concibió la obra, de hecho, como un resumen de todo lo que había escrito hasta entonces. Era una despedida de la vida. Asoció unirse al Partido con una muerte moral y también física. El día de su vuelta del viaje a Dresde, donde había terminado el cuarteto y había comprado muchas pastillas para dormir, tocó el *Cuarteto* para mí al piano y me dijo, con lágrimas en los ojos, que era su última obra. Insinuó su intención de suicidarse. Quizás, inconscientemente, esperaba que le salvase. Me las apañé para quitarle las pastillas del bolsillo de su chaqueta y dárselas a su hijo Maxim mientras le explicaba el verdadero significado del *Cuarteto*. Le rogué que no le quitase ojo a su padre. Durante los días siguientes pasé todo el tiempo posible con Shostakovich hasta que sentí que el peligro de suicidio había pasado» [citado por Boris Schwarz].

La inferencia de Lebedinsky de que «inconscientemente, esperaba que le salvase» sonaba plausible: es otro recordatorio de lo bien que Shostakovich elegía a sus amigos. Pero decir esto no busca minimizar la agonía del compositor. El peligro era, ciertamente, real, aunque también es evidente que componer el *Cuarteto n.º 8* y tocarlo para él mismo y para aquellos con oídos para escuchar le trajo un alivio temporal. Incluso al escribir a Glikman, cuando el frenesí de odio hacia sí mismo estaba en su punto álgido, Shostakovich admitía que el *Cuarteto n.º 8* le hacía deshacerse en lágrimas –aunque no por su «pseudotragedia», claro–. Dos años después del estreno de la obra, en 1962, el Cuarteto Borodin lo tocó para el compositor en su casa de Moscú, esperando una crítica constructiva. En lugar de eso, Shostakovich hundió la cabeza entre sus manos y lloró. Los músicos decidieron que lo mejor que podían hacer era guardar sus instrumentos y salir de allí. Las lágrimas, como hemos visto, no solo pueden traer alivio, sino también un tipo extraño de elevación espiritual.

Hay algo más, algo que ni siquiera Shostakovich puede evitar elogiar en aquella carta a Isaak Glikman, cuando escribe sobre la «unidad superlativa de la forma» del *Cuarteto*.

En medio del aislamiento atormentado encontramos, de pronto, un rayo de sol. Por un instante, no hay ironía amarga: solo placer y orgullo –exactamente de la misma manera en que Shostakovich describe, en esa carta para Glikman, la *Sinfonía n.º 8*, el año después del infame decreto de Zhdanov–. En ese momento es muy claro: no es tanto la belleza o el patetismo de algunos pasajes en particular lo que lo emociona. Es algo más abstracto.

¿Qué es, entonces, esa «unidad superlativa de la forma»?

* * *

Shostakovich tiene razón sobre la forma del *Cuarteto n.º 8*, pero me llevó un tiempo entenderlo. El *Cuarteto n.º 8* es un fenómeno excepcional: un cuarteto de cuerda clásico escrito después de la II Guerra Mundial que puede, de manera justificada, llamarse popular, del cual hay más de cincuenta grabaciones comerciales disponibles actualmente. De las diez versiones completas que se encuentran en YouTube, una de ellas –la del Cuarteto Kronos– ha recibido (en el momento en el que escribo) casi 370.000 visitas. Debajo de esta, aparece la grabación del Cuarteto Emerson del segundo movimiento, que roza el millón de visitas. No hay ningún otro cuarteto de cuerda contemporáneo que esté ni remotamente cerca de estas cifras. Su popularidad ha sido, además, consistente: casi inmediatamente después de su estreno se convirtió en una pieza de repertorio, y es cada vez más difícil encontrar un cuarteto de cuerda que no lo haya abordado.

Cuando era estudiante, había una resistencia considerable a Shostakovich en los círculos académicos británicos y al *Cuarteto n.º 8* en particular. Cuando miro hacia atrás, sospecho que influían dos factores: en primer lugar, el anticuado horror aristocrático a la «terrible popularidad» del cuarteto (tomando prestada una expresión de sir Thomas Beecham); y, en segundo lugar, una especie de esnobismo defensivo, engendrado por miedo al poder emocionalmente perturbador de la música. Me recuerda a una observación del sociólogo y crítico cultural Richard Hoggart sobre las reacciones de ciertos intelectuales británicos a *El camino a Wigan Pier,* de George Orwell. En su introducción de la edición de Penguin, Hoggart hace notar cómo un pasaje del libro de Orwell, en el que se detiene con delicadeza en el elemento hogareño del salón de una casa de clase obrera, fue juzgado por muchos críticos como «sentimental».

«Por el contrario, no es sentimental en absoluto. Refleja la valentía de las propias convicciones de Orwell, sus propios descubrimientos; el coraje de admitir que ha abierto su corazón. Muchos intelectuales, hoy como en los tiempos de Orwell, son capaces de aceptar juicios antagonistas y Orwell ofrece una gran cantidad de ellos. Pero se inquietan profundamente ante expresiones de calidez y amor; que deben estar a la altura de sus despreciables epítetos. No pueden decir: "Orwell, a pesar de todas su capas, ha abierto aquí su corazón a gente que está en su propio camino a la verdad y está invitándonos a hacerlo también". En lugar de ello, dicen: "Ahora se ha vuelto sentimental". El "al" final de "sentiment-al" es un mecanismo de escape: de escapar de verdaderas expresiones de los sentimientos».

A la luz de lo que acabo de escribir sobre mis excolegas académicos, debo admitir, para mi vergüenza, que yo también era incapaz, al principio, de ese tipo de coraje que sí demostró Orwell. Cuando finalmente lo encontré, comencé a ver no solo que los elementos constitutivos del *Cuarteto* podían agitar, remover y, en última instancia, emocionar, sino que también la forma en la que el *Cuarteto* se estructura es crucial para su impacto emocional. En muchas de sus obras mayores tempranas, Shostakovich dio forma a sus pensamientos musicales siguiendo los amplios patrones formales utilizados por Haydn, Mozart y Beethoven, los gigantes de la así llamada «era clásica». Tales formas son mucho más fáciles de sentir de lo que se puede describir en palabras, al menos para no especialistas. En el *Cuarteto n.º 8* Shostakovich abandona la «forma sonata», el «rondó», el «tema con variaciones» y cosas por el estilo en favor de un procedimiento mucho más original. Uno que, paradójicamente, es mucho más fácil de describir, al menos en cuanto a su esquema general. Como dice Shostakovich en su carta a Isaak Glikman: «El tema fundamental del cuarteto es las cuatro notas Re natural (D), Mi bemol (Ess), Do natural (C), Si natural (H); es decir, mis iniciales, D.SCH». Shostakovich hace de sí mismo el «tema». Pero este tema no se comporta como un tema de la sinfonía clásica, prestándose al desarrollo transformativo como el héroe de la tragedia griega o de una novela. Lo escuchamos presentarse primero discretamente en los cuatro instrumentos por orden, de manera imitativa, a la manera de una fuga solemne y lenta de Bach. Pero el elocuente contrapunto casi bachiano avanza solo por unos instantes. DSCH suena en un tono diferente en la viola, y lo retoman el resto de instrumentos al unísono. El motivo se establece firmemente en nuestra memoria, lo que significa que deberíamos reconocerlo cada vez que aparezca de forma literal –lo que sucederá con mucha frecuencia–.

Y entonces llega la primera de las referencias a sus propias obras, las cuales Shostakovich explica en detalle en aquella carta de 1960 (algo probablemente innecesario para alguien tan culto musicalmente como Glikman, lo que sugiere que tenía en mente que hubiera más lectores). El primer violín mantiene la última nota de DSCH, que se convierte, de pronto, en el tema inicial de la *Sinfonía n.º 1*, la obra que lo catapultó a la fama internacional a los 19 años. DSCH suena de nuevo, armonizado solemnemente, en los cuatro instrumentos. Entonces, sobre un calmo acorde *tenuto* de las cuerdas más graves, el primer violín plantea una distorsión descendente y quejumbrosa del «tema de amor» de la *Sinfonía* «Patética» de Tchaikovsky. De nuevo, se escucha DSCH, esta vez en el cello y el violín en imitación. Entonces, el primer violín entona una versión del primer tema de la *Sinfonía n.º 5*, el trabajo que rehabilitó triunfalmente a Shostakovich tras la crisis de *Lady Macbeth* en 1936.

No es necesario saber las particularidades de estas referencias: de hecho, los críticos que las conocen a menudo son incapaces de ponerse de acuerdo de cuál podría ser su significado –aparte, claro, del hecho evidente de que Shostakovich está revisando su vida e invitándonos a revisarla con él–. El tono emocional es suficientemente cristalino: es música profundamente elegiaca. El motivo de Shostakovich, DSCH, funciona como una guía a través de su álbum fotográfico musical; o quizá su papel es más parecido al de aquel fantasma del poeta Virgilio en el *Infierno* de Dante, que nos dirige a través de los círculos del infierno privado de Shostakovich.

DSCH continúa su función de cicerone en el furioso segundo movimiento, donde introduce, en dos ocasiones, una melodía judía, en estilo klezmer, del final de su *Trío para piano n.º 2*. Muchos de los amigos más cercanos de Shostakovich eran judíos. Detestaba el antisemitismo, admiraba la habilidad de los judíos para enfrentarse a la persecución y le encantaba su sentido del humor, que los ayudaba a aguantar. DSCH se transforma, entonces, en una suerte de vals afligido en el tercer movimiento, donde allana el camino para una nueva cita del primer tema de su *Concierto para cello n.º 1* (otro triunfo en su estreno).

El lector podría tener la impresión de que se necesitan tener muchos conocimientos para darle sentido a todo esto: la sustancia del *Cuarteto n.º 8* equivale a una secuencia de bromas privadas desesperadas. Pero la popularidad de esta música hace evidente que engancha a oyentes que no tienen ni idea de qué obras se están citando, o nisiquiera que se están citando otras obras. Lo mismo con DSCH. Recuerdo algunas reacciones después de una sesión en directo de *Discovering music* que presenté y de una clase de apreciación musical que dirigí en cierta ocasión. «¡Es él, es Shostakovich!», dijo una mujer, cantándome el tema DSCH después de escuchar el *Cuarteto n.º 8* por primera vez. Mi sugerencia de que DSCH nos estaba «acompañando» a través de la galería de imágenes emocionales del *Cuarteto* y de que las citas presentadas son predominantemente sombrías y saturadas de dolor, ha hecho repetidamente mella en los oyentes. Y aunque conocer las citas enriquece el disfrute, está lejos de ser una condición *sine qua non*.

Lo que pasa en el último de los cinco movimientos vinculados es de lo más extraordinario. Hasta este punto, el progreso –si esa es la palabra adecuada– del *Cuarteto n.º 8* lo ha ido presentando como un retablo que se presenta lentamente o al recorrido por una exposición. Está en cierto modo alejado del tipo de discurso musical fluido y dinámico que tan a menudo encontramos en las sinfonías, los conciertos y los otros cuartetos de cuerda. En comparación, el *Cuarteto n.º 8* se siente estático o quizá, más bien, como un encadenamiento de momentos estáticos. Pero algo cambia después de que echemos la vista atrás en el cuarto movimiento, de manera a la vez dolorosa y amorosa, a una melodía de *Lady Macbeth* –la ópera que Shostakovich dedicó a su primera esposa, la difícil pero indudablemente adorada, Nina–. Breves ecos fragmentados de citas previas se transforman lentamente en DSCH en los graves de un violín solitario. Y, al fin, la música comienza a fluir. La escritura imitativa basada en DSCH que escuchamos en el primer movimiento suena como si quisiera desarrollarse en una fuga bachiana de pleno derecho, pero su «deseo» queda frustrado, la energía potencial de esta idea queda «reprimida». Sin embargo, ahora, DSCH tiene vía libre. No hay más citas, solo la liberación, tristemente desesperada y dignificada, en forma de fuga que esta música llevaba tiempo buscando.

De nuevo, pienso en *Duelo y melancolía*, de Freud: la depresión como un dolor que no puede fluir hasta que la liberación curativa del llanto esté garantizada. A su vez, esto me hace recordar el conmovedor relato de Antonie von Arneth sobre una suerte de temprana sesión de musicoterapia proporcionada (nada menos que) por Beethoven. La amiga del compositor, la pianista Dorothea von Ertmann, había perdido a un hijo cuando era apenas un niño, y estaba paralizada de dolor: «tras el funeral de su único hijo no pudo llorar… El general Ertmann la llevó ante Beethoven. El Maestro no dijo ni una palabra, sino que tocó para ella hasta que comenzó a sollozar, así encontró su dolor una salida y consuelo». El propio Beethoven, por supuesto, compuso una fuga lenta elegíaca maravillosa, descrita por Wagner como «el sentimiento más melancólico jamás expresado en música», en el primer movimiento de su *Cuarteto de cuerda en do sostenido menor, Op. 131* –quizás el mejor de sus cuartetos «tardíos»–. La gran fuga final está, como la de Shostakovich, basada en un motivo de cuatro notas absolutamente inolvidable. También está la fuga que J. S. Bach escribió con las letras de su propio nombre, B-A-C-H, al final de su *Arte de la fuga* –una fuga que queda interrumpida, incompleta, debido a que (o así nos informa el hijo de Bach, C. P. E. Bach, en una anotación en la partitura) «en este punto… el compositor murió»–. Shostakovich conocía esto muy bien cuando compuso el *Cuarteto n.º 8* y lo incorporó al rico mundo interior intelectual de la música. Y, sin embargo, de nuevo, no es necesario saber nada de esto. La fuga fluye hasta el punto, largamente deseado, largamente negado, de catarsis del *Cuarteto,* que se calma mediante una sencilla figura de corte folclórico en el registro grave de la viola y el violín, al final solo en la viola. Como con Dorothea Ertmann cuando escuchó tocar a Beethoven, el dolor ha encontrado «salida y consuelo».

* * *

Hay un momento en particular en el que la música del *Cuarteto n.º 8* de Shostakovich me habla directamente. Estamos al principio del año 2000, no mucho después de que Kate y yo nos hubiésemos mudado a Herefordshire desde Escocia, donde había trabajado durante un año como crítico musical para el periódico *The Scotsman*. Las cosas se habían vuelvo tan tensas en la relación con mi madre que le escribí una larga carta en la que intentaba –lo más lejos posible de la culpa y la recriminación– cambiar nuestra dinámica e invitarla a una conversación más abierta y honesta. A primera vista, su respuesta era razonable, pero en el fondo era como si pudiera escuchar el sonido de un cuchillo al ser afilado. En ese momento, traté de quitarle importancia –al fin y al cabo, ¿qué esperaba?–. Pero, paulatinamente, comencé a hundirme en una profunda depresión. Desarrollé obsesiones raras y me aterrorizaba una suerte de inferno demencial que se abría frente a mí. Con la ayuda de Kate y algunos amigos, me las arreglé para superarlo en las navidades de 1999, pero entonces tuve que volver a la vida como escritor *freelancer*. Mi primer encargo –aún puedo notar cómo se contrae mi estómago cuando pienso en ello– fue escribir el *booklet* de una grabación del *Cuarteto n.º 8* de Shostakovich.

Me tuve que arrastrar a mi escritorio y, mientras leía los relatos de Glikman y Lebedinsky, una vez más me vi preguntándome si, de toda mi carrera, no era ese el momento menos adecuado para tal encargo. Escudriñé la partitura, toqué algunas partes al piano y comencé a sentir más claramente qué era lo que quería articular. Fue algo del propio «asombro» de Shostakovich sobre la «unidad superlativa de la forma» en la música lo que empezó a teñir mi pensamiento. Un joven actor, una vez, señaló medio en broma al dramaturgo Samuel Beckett que no había mucha esperanza en sus obras. «¿En serio?», se dice que respondió Beckett, «pero, si no tuviera esperanza, ¿por qué escribo?». Quizás era en ese acto de escritura, en el proceso de creación de tal integridad formal «superlativa», como la esperanza se reafirmaba en Shostakovich. La esperanza, posiblemente aún inconsciente, que le haría indicarle a Lev Lebedinsky dónde escondía las pastillas para dormir. Y, para mí, luchando desde mi escritorio, había una sensación en esa esperanza que yo también podía compartir, incluso desde mi escalón, mucho más bajo, de la escalera de la creatividad.

No había punto de retorno. No era como el *Pilgrim's Progress* de John Bunyan: el peso no se desprendió de pronto de mis hombros, liberándome para encaminarme con alegría por el camino de la salvación. Fue más como el crujido de una puerta abriéndose a través de la cual me asomé tímidamente. Creo, sin embargo, que fue un encuentro con mis «peores emociones», transformadas por una gran mente creativa en «algo hermoso» (tal y como lo dijo mi amigo ruso), que no solo me hizo regresar al camino del trabajo y la recuperación, sino que también me ayudó a prepararme para el momento de redención que vendría solamente un año después. Es un momento al que volveré más adelante, pero no sin antes detenerme brevemente en este asunto de la forma musical y esa sensación de «asombro» que puede infundir.

* * *

Casi tan pronto como empecé a leer filosofía, sentí atracción por Schopenhauer y Nietzsche. Parte de esa atracción, estoy seguro, es porque ambos fueron maravillosos escritores –algo que no puede decirse de muchos de los acreditados como grandes filósofos–. Había también algo en la forma en la que hablaban de la mente humana: una forma de entender el pensamiento que estaba muy lejos de las metódicas abstracciones de tantos otros filósofos europeos. Era sutil, irónica, llena de sombras y repentinos fogonazos de luz. Lo más atractivo de todo era la importancia que ambos otorgaban a la música como medio para darle sentido a la experiencia. La filosofía de Schopenhauer se podría describir como una maravillosa articulación de lo que implica una situación de depresión. Durante la mayor parte del tiempo, según argumenta Schopenhauer, nos encontramos en un estado de lamentable autoengaño sobre la naturaleza del mundo y sobre nosotros mismos. No podemos conocer el mundo como realmente es: solo lo que nuestros sentidos nos revelan sobre él y son tan limitados como notoriamente poco fiables. Tampoco sabemos nada de nosotros mismos. Las razones que damos de haber actuado de una manera en particular son, de hecho, una racionalización *post hoc*: nuestras motivaciones verdaderas reposan en un nivel mucho más profundo, al que Freud, más tarde, llamaría el *inconsciente*. Detrás de todo –detrás de nuestros pensamientos conscientes y el mundo como aparece– hay una fuerza ciega y ansiosa, la «Voluntad» metafísica [*Will*] (que no es la mejor traducción del alemán *Wille*, pero se ha establecido así rápidamente], constantemente esforzándose por satisfacer sus apetitos básicos, si bien, y ahí radica la tragedia, nunca los satisface suficientemente. Si se quiere tener una prueba de hasta qué punto los seres humanos se engañan a sí mismos, nos dice Schopenhauer, solo hace falta mirar a la ambición: «La riqueza es como el agua salada», se lee en uno de sus aforismos más famosos, «cuanto más se bebe, más sed da, y lo mismo sucede con la fama».

Para Schopenhauer, existe al menos una posibilidad de alivio: mediante la autorenuncia a la santidad, pero también mediante la música. La música nos puede rescatar del dolor de la conciencia individual y devolvernos, fugazmente, a una especie de inocencia primitiva que, de alguna manera, nos aporta también conocimiento. En su libro sobre Kafka, Erich Heller, tratando de explicar el rol de la música en los escritos de Kafka, vuelve a Schopenhauer, cuyo trabajo influyó en el escritor checo:

«la música es la voz de la propia Voluntad, el sonido de la esencia metafísica del mundo. Es, por Schopenhauer, capaz de transmitir el recuerdo de un estado en el que éramos dichosamente unitarios o de anticipar la armonía que se derivará de la victoria del individuo sobre sí mismo, una conquista que "corregiría el error" y devolvería la paz y la integridad de la "unicidad-total" [all-oneness]».

Para Schopenhauer, esta dichosa restauración de un estado indiviso a través de la música ocurre solo temporalmente. Tan pronto como la música se detiene, somos arrojados de nuevo a nuestro estado trágico, sin calma, dividido. Nietzsche era más esperanzador. El arte, especialmente el tipo de arte representado por la tragedia griega, podía alcanzar efectos duraderos. Nietzsche se ocupó ampliamente de esto en su primera gran obra, *El nacimiento de la tragedia* (o, para citar su título completo, *El nacimiento de la tragedia desde el espíritu de la música*). Nietzsche sentía que las obras maestras, oscuras pero sublimes, que produjeron los griegos son uno de los logros más sensatos –o, como él expresó, más «saludables»– de la humanidad. En el arte trágico, los griegos fueron capaces de «mirar con audacia hacia a la terrible y destructiva confusión de la así llamada historia del mundo, así como de la crueldad de la naturaleza» y mantener, incluso fortalecer, su equilibrio mental. Mediante la experiencia de la violencia y del sufrimiento a través de la mediación de la tragedia, el espectador podía adquirir el coraje para enfrentar el horror de la existencia y, tal como Nietzsche señala, «afirmar la vida». Lo que se encarna ahí es nada menos que la «conquista artística de lo terrible».

Pero para que esa conquista tenga lugar, para que vuelvan la paz y la integridad, era necesario –como ya lo expresó Schopenhauer– «corregir el error»: curar la brecha entre la «Voluntad» consciente y la inconsciente. Nietzsche mostró cómo se podría conseguir mediante la representación de tales fuerzas en nosotros con formas simbólicas y personificadas.

Eligió dos dioses, ambos hijos de Zeus: Apolo, el dios del orden, la luz y el pensamiento racional, y Dioniso, el dios del caos, la oscuridad y lo irracional. Para Nietzsche, la vida era una constante lucha entre ambos impulsos; pero, en la tragedia, los griegos, según él, habían encontrado una manera de reconciliarlos, incluso persuadiéndolos de que se acogieran el uno al otro. En pocas palabras, el espíritu formador apolíneo daba forma y orden al impulso amorfo y dinámico dionisiaco. Nietzsche sostenía que todo arte lucha por conseguir tal reconciliación, pero fueron los griegos los que consiguieron la síntesis más verdadera y afirmativa de la vida.

Los especialistas en clásicas, en la época de Nietzsche y desde entonces, han rechazado esta propuesta como análisis de la actitud griega hacia la tragedia y hacia la vida en general. No es eso, sin embargo, lo que Nietzsche propone. Apolo y Dioniso, dice, son arquetipos. Reapropiándonos de una sentencia de William Blake, son «los dos estadios contrarios del alma humana». En las artes y en la psicología, la antítesis Apolo-Dioniso ha tenido una resonancia enorme. Camille Paglia escribe:

> «Apolo es la dura y fría separación de la personalidad occidental y el pensamiento categorial. Dioniso es energía, éxtasis, histeria, promiscuidad, emocionalismo. Es una indiscriminación irreflexiva entre teoría y práctica... La armonía completa es imposible. Nuestros cerebros están divididos y el cerebro está dividido del cuerpo. La disputa entre Apolo y Dioniso es la disputa entre el córtex superior y los antiguos cerebros límbicos y reptilianos».[28]

Parece que Nietzsche pensaba que la «completa armonía», o al menos su imagen, es posible. Y se consigue, según arguye, a

---

[28] Citado por Michael Trimble, *Why Humans Like to Cry: Tragedy, Evolution and the Brain.*W

través de la forma que «nace del espíritu de la música». Como para Schopenhauer, es la música la que tiene el poder de mostrarnos cómo podría curarse la división, «corregir el error».

Shostakovich es un compositor cuya música, a menudo, parece sobrecargada de los elementos «dionisiacos» numerados por Camille Paglia: energía, éxtasis, histeria, emocionalismo... Pero en sus obras más maduras raramente encontramos, si es que lo hacemos, una «indiscriminación irreflexiva entre teoría y práctica». Es llamativa la frecuencia con que las más poderosas declaraciones emocionales de Shostakovich están ya contenidas formalmente. El final del *Cuarteto n.º 8* no está solo construido de manera hermosa. Estructuralmente, habla a través del contrapunto bachiano, quizás el estilo más ordenado y apolíneo de la música clásica occidental. Muchos de los movimientos lentos más catárticos se presentan en forma de passacaglia: una forma de danza construida sobre repeticiones de un patrón de acordes o un tema presentado en el bajo, muy parecido al blues de doce compases. El tercer movimiento del *Concierto para violín n.º 1* –para muchos oyentes uno de los logros más grandes de Shostakovich– se las apaña para ser al mismo tiempo una expresión desgarradora de dolor y una passacaglia bellamente estructurada, llena de imitaciones bachianas, ingeniosa y estremecedora a la vez. La «fría y dura separación» y el «emocionalismo» intenso realmente se acogen mutuamente aquí, tal y como Nietzsche insistía que debía hacer el arte trágico. Como en Bach, es imposible decir dónde acaba lo «intelectual» y comienza lo «emocional». El córtex superior racional y el sistema límbico emocional van a una: la «completa armonía». El equilibrio puede que no dure, pero por un momento atisbamos su posibilidad. Y, con Shostakovich, lloramos: en parte por las profundidades de nuestro propio dolor y nuestra pena, en parte por la «maravilla» de todo ello junto. No, no somos bestias brutas, pero tampoco somos abstracciones racionales. En ese instante de armonía, trascendemos la división.

* * *

Existen ese tipo de momentos en los que la música parece que nos «habla» directa y personalmente. Recuerdo que ese día del año 2000, cuando me enfrentaba al *Cuarteto n.º 8* de Shostakovich, intentando decir algo sobre él que pudiese ser de ayuda para otros oyentes, sobresalieron en mi mente dos aspectos de la música. Uno es, por supuesto, la fuga catártica e interiormente reconciliatoria final, pero hay otro pasaje que viene justo antes de que la fuga inicie su lenta y comedida liberación. Para mí, ese es el punto de inflexión del *Cuarteto* y proporciona la última de las citas de las propias obras del compositor: es el momento en el que el cello, en su registro agudo, recuerda con ternura y tristeza el aria de amor y pérdida de Katerina del Cuarto Acto de *Lady Macbeth*. Parece indudable que, en ese momento, Shostakovich estaba recordando a su primera mujer, a la que dedicó la ópera. Independiente de lo que puedan significar, casi todas las citas de este cuarteto invocan momentos del «Nosotros». La *Sinfonía n.º 1* y la *Sinfonía n.º 5* fueron un enorme éxito en sus estrenos, así que aquí hay recuerdos del compositor y su público encontrándose en una dichosa afirmación, pese a las terribles circunstancias que prevalecían. Lo mismo sucede con el *Trío para piano n.º 2*, el *Concierto para cello n.º 1* y *Lady Macbeth,* aunque aquí es importante recordar a quién estaban dedicadas estas obras: amigos íntimos como el musicólogo Ivan Sollertinksy, el chelista Mstislav Rostropovich y, en el caso de la ópera, Nina Shostakovich.

Hay algo especial en las tres primeras notas del cello en esa cita de *Lady Macbeth*. Katerina canta a su amado Sergei, el cual se encuentra en proceso de abandonarla por otra mujer. Ella usa, en el canto, el diminutivo, el apelativo cariñoso, del nombre de Sergei, «Seryozha». Es de ayuda que el cellista lo sepa, pero no hace falta que el público sea consciente de ello. La primera vez que escuché el *Cuarteto n.º 8*, ni conocía la ópera ni nadie me había dicho que se citaba, pero puedo recordar claramente cómo se agarrotó mi garganta cuando el cello comenzó la figura, casi insoportablemente conmovedora, de suspiros ascendentes y descendentes. Pensé en ello de nuevo cuando escuché una charla del historiador y arqueólogo Steven Mithen, autor de *The Singing Neanderthals*. Mithen sugiere que lo que hoy en día identificamos como lenguaje hablado y como música han evolucionado de la misma fuente: una suerte de protolenguaje musical que llama «musilengua». Los neandertales, señala Mithen, podrían haber desarrollado las llamadas de los primates en una especie de lenguaje sin palabras que carecía de conceptos definidos pero era capaz de comunicar emociones con cierto grado de refinamiento, especialmente cuando se combinaba con gestos. Siguiendo la hipótesis de Mithen, la «musilengua» tenía ritmo, altura y melodía, todo ello sumado a una entonación similar a la musical. Pensemos en el «Seryozha» del cello, pero sin tal nombre, solo la melodía del cello según asciende y desciende: Do sostenido, Re sostenido, Do sostenido.

Mithen no trata de codificar esa «musilengua» aunque otros antes que él han intentado algo por el estilo, partiendo de la base de que hay algún tipo de «lenguaje de la música» (ese es el título exacto de un controvertido estudio del musicólogo inglés Deryck Cooke) primigenio y subverbal. Su homólogo soviético anterior, Boris Asafiev, había desarrollado una teoría de las «entonaciones», cuyo fundamento histórico se parece en algunos aspectos a la hipótesis de Mithen. Una versión más sofisticada de esto se encuentra en los escritos del neuropsicólogo y músico Manfred Clynes, que ha intentado identificar una «firma emocional» peculiar en algunos compositores en particular. Mi sensación es que todos estos autores están, en mayor o menos grado, en el camino correcto, pero intentar entender cómo todos los factores operantes durante la composición, interpretación y recepción de una obra musical conspiran para producir el «significado» es como tratar de predecir qué forma adoptará una gota de agua cuando cae de un grifo. Mi sobrino, que es físico, me asegura que las fuerzas en juego en esa gota de agua son tantas, tan variadas y, en combinación, tan complicadas que, incluso con los medios más avanzados de cálculo disponibles, la predicción es imposible. La autobiografía *Darkness Visible*, del novelista William Styron, da una descripción detallada del descenso a una depresión aguda. El clímax del relato de Styron llega en el momento en el que parece que el suicidio no es solo la única salida, sino que no se puede posponer mucho más:

«A las tantas de una noche amargamente fría, cuando me di cuenta de que no podría, seguramente, aguantar hasta el día siguiente, me senté en el salón de casa envuelto completamente para combatir el frío. Algo le había pasado al calentador. Mi esposa se había ido a la cama y yo me obligué a ver una película en la cual una joven actriz, que había actuado en una obra mía, aparecía para un pequeño papel. En un momento de la película, que estaba ambientada en el Boston del siglo xix tardío, los personajes caminaban por el pasillo de un conservatorio de música, a través de las paredes del cual llegaba, desde músicos invisibles, una voz de contralto, un pasaje repentinamente agudo de la *Rapsodia* para contralto, [Op. 53] de Brahms.

Ese sonido, al que, como para el resto de la música –de hecho para el resto de placeres– había sido pasmosamente insensible durante meses, me atravesó el corazón como un puñal y, en una inundación de rápidos recuerdos, pensé en todas las alegrías que esa casa había presenciado: los niños que se habían abalanzado a sus habitaciones, los festivales, el amor y el trabajo, el descanso bien merecido, las voces y la conmoción ligera, la tribu perenne de gatos y perros y pájaros, "risas y habilidad y suspiros, / vestidos y tirabuzones". De todo lo que me di cuenta era mucho más de lo que podría nunca abandonar, incluso cuando lo que me había propuesto, deliberadamente, hacer, era mucho más de lo que podía infligir a aquellos recuerdos y a quienes esos recuerdos estaban ligados. Y, con la misma fuerza, me di cuenta de que no podía profanarme a mí mismo. Recurrí al último destello de cordura para preservar las aterradoras dimensiones del atolladero moral en el que había caído. Desperté a mi mujer e, inmediatamente, hicimos unas llamadas de teléfono. Me admitieron al día siguiente en el hospital».

No sé si el recordar a la gente amada en la música devolvió a Shostakovich un «último destello de cordura» cuando compuso, interpretó y escuchó su *Cuarteto n.º 8*. La evidencia indica que la curación (si es lo que fue) fue más bien un proceso gradual. No puedo decir que el haber sido cogido por sorpresa por el tierno solo del cello fuese un punto de inflexión existencial comparable para mí. Pero sí sé que allanó el camino, que sin él podría no haber aguantado tanto como lo hice. Las interpretaciones de tal cita de *Lady Macbeth* han sido múltiples y variadas. Pero sé lo que el «Seryozha» significa para mí: significa amor.

* * *

Hubo un tiempo en el que creía que era, genuinamente, un suicida –suficientemente suicida como para que los servicios psiquiátricos del NHS[29] se lo tomasen en serio–. Fue en algún momento de la primavera de 2001: todo lo que puedo recordar con precisión es que era jueves. Mi recuerdo del orden de los eventos es difuso, algo que me sucede habitualmente cuando intento recordar mis episodios mentales más preocupantes. Sé que había preparado cómo hacerlo y que había elegido a las personas a las cuales escribirían para explicarles qué y por qué lo había hecho. Todo parecía tan descarnadamente lógico entonces. Eliminarme a mí mismo acabaría con el dolor, no solo el mío, sino también el de las personas más cercanas a mí. En el estado mental para-

---

[29] El NHS o National Health Service sería el equivalente a la seguridad social española en tanto que institución, aunque con matices significativos en lo económico *(N. de la T.)*.

noide e infantil de la mente al que la depresión induce, yo malentendía la comprensible exasperación de Kate conmigo como evidencia de que ya había tenido bastante. La gente depresiva puede ser inmensamente frustrante para aquellos con quienes conviven. Tienden a regodearse sin fin en los mismos círculos obsesivos de ansiedad. Para el espectador preocupado, puede parecer que en realidad no quieren que se les ayude y pueden estar terriblemente irritables. Por mi parte, tengo aún que aprender que la exasperación es más a menudo un signo de amor que de su ausencia. Aún no era capaz de ver que Kate actuaba de una forma muy distinta a mi madre, en la cual la irritación era a menudo un signo de que lo peor estaba por llegar. En esa época, un amigo, cuyo padre acababa de morir tras años luchando contra una enfermedad degenerativa horrible, vino a visitarnos. «Me siento muy culpable diciendo esto», nos confesó nuestro amigo, «pero lo que más siento es alivio». Mentalmente, me imaginé a Kate diciendo lo mismo a uno de sus amigos, dieciocho meses o dos años más tarde. Estaría, por supuesto, conmocionada, triste, enfadada, probablemente confusa pero, en última instancia… la estaría liberando. Podría hacerlo por amor.

Es, probablemente, un indicativo infalible de la irrealidad de mi estado mental que creía que era posible explicar mi acción completamente, de que había alguna opción de ser comprendido y mi acción excusada. Lo que mejor recuerdo es la extraña sensación de paz que me inundó una vez hube tomado mi decisión. La idea de que alguna vez podría ser feliz en la vida era absurda y risible. La esperanza, ahora lo entiendo, nos aprisiona, como una adicción; solo que esta era una adicción que realmente se podía superar aplicando ese desafortunado eslogan de la campaña antidrogas de los ochenta: «Simplemente di que no».[30] Yo era veneno. Verdaderamente, me merecía morir. Ejecutando mi condena, sin embargo, podría encontrar mi redención y liberarme de esta

---

[30] «Just say no.»

rueda implacable de sufrimiento e ilusión. Me preguntaba si eso era lo que los budistas realmente querían decir con su Nirvana. La palabra en sánscrito significa, literalmente, «apagarse de un soplo», como una vela o una lámpara de aceite.

Tenía una cita concertada con mi terapeuta, pero decidí no ir. ¿Para qué? Mi coche no funcionaba y tenía que ir en taxi desde la estación (había estado fuera en un viaje de trabajo) hasta nuestra casa en el campo, a unos 27 kilómetros de distancia. Para mi sorpresa, me encontré dándole al conductor del taxi la dirección de mi terapeuta. No recuerdo realmente qué le dije cuando llegué allí: solo recuerdo haber llorado unos cincuenta minutos. Debimos de llegar a algún tipo de acuerdo o entendimiento al final de nuestra sesión, pero es algo, de nuevo, muy vago. Lo que pasó después, sin embargo, se ha quedado fijado en mi memoria. Cogí un taxi de vuelta a casa, no muy convencido de que mi plan hubiese cambiado. Me sentía mejor, ciertamente, por haber llorado, pero ¿lo suficientemente mejor como para renunciar a tan hermosa visión de alivio? Cuando el taxi se acercó a casa, me sorprendió ver a Kate, paseando de arriba abajo frente a la puerta del jardín, fumando con furia. Nuestras vías de comunicación no habían funcionado correctamente y no se me había ocurrido que pudiese ser consciente de mi estado emocional. Cuando salí del taxi, Kate fijó la mirada en mí con intensa preocupación. Caminó hacia mí y preguntó: «¿Qué ha pasado?».

Ella lo sabía. Me había visto. Fue como un relámpago.

* * *

¿Fue la escritura e interpretación del *Cuarteto n.º 8* lo que hizo cambiar a Shostakovich de opinión sobre el suicidio? ¿O fue el momento en el que puso la mano en el bolsillo de su chaqueta y se dio cuenta de que las pastillas ya no estaban, pues su amigo lo había escuchado y había actuado para salvarle la vida? La música puede hacer muchas cosas por nosotros en momentos de aislamiento espiritual: puede tranquilizarnos, ayudarnos a contener las emociones dolorosas, reflejar una imagen de nosotros mismos más verdadera y mejor que aquella a la que nos aferramos equivocadamente. Pero no puede, en el más amplio sentido, «vernos». Nos puede preparar para el momento en el que somos vistos. Puede operar como un bote salvavidas en las aguas más terroríficas durante años, si fuera necesario. Pero para el salvamento se necesita a otro ser viviente real que nos vea y nos conozca, para mostrarnos que aún somos dignos de ser rescatados. La música no puede hacer eso por nosotros, no del todo. En mi caso, sin embargo, se acercó mucho.

* * *

Volviendo a ese momento de 2001, dieciséis años después, lo que siento ahora es horror cuando pienso en lo que podría haberle provocado a Kate, la persona a la que he amado más intensa y firmemente que a nadie. ¿Cómo pude haber llegado a pensar en eso? Esto es lo que a menudo se preguntan los familiares de suicidas. Algunos se culpan a sí mismos, otros juzgan de forma comprensible: cómo pudo ser tan «egoísta» de hacerles eso. ¿Es siempre el suicidio un acto egoísta? En el caso del hermano esquizofrénico de un amigo mío, que enloquecido por las voces de su cabeza se tiró del techo de un parking, mi respuesta a tal cuestión sería un enfático «No». Pero, en mi caso, quizás es más complicado. Estoy muy impresionado por el hecho de que fuese el escuchar la *Rapsodia para contralto* de Brahms lo que sacase a William Styron de su «sentencia de muerte». No es solo que la *Rapsodia* sea una obra muy conmovedora, en la cual parece que vamos al Brahms vulnerable e hipersensible con más claridad que en muchas de sus obras más conocidas. La letra lo toma de un poema de Goethe «Harzreise im Winter» [Viaje invernal por el Harz]. Nos habla del típico «forastero maldito» romántico, aunque con una claridad y un patetismo inusuales. Es un hombre que se ha retirado de toda compañía y ha hecho de los parajes de la montaña su hogar:

Erst verachtet, nun ein Verächter,
zehrt er heimlich auf
seinen eignen Wert
in ung'nügender Selbstsucht.

[Primero menospreciado, ahora menosprecia,
secretamente consume
su propia valía
en inútil egoísmo.]

La imagen de mi yo adolescente se cuela en mi cabeza, andando o pedaleando en una soledad autoimpuesta por los Peninos occidentales, anhelando un «Nosotros» al que pertenecer mientras alzaba un muro frente a los que me rodeaban, muchos de los cuales habrían querido realmente ayudar. Recuerdo que, cuando leí *Beyond Fear* de la psicóloga Dorothy Rowe, me indignó la sugerencia de Rowe de que los depresivos, de alguna manera, «eligen» estar deprimidos. ¿Por qué demonios alguien *elegiría* algo tan inenarrablemente horrible? Ahora entiendo, sin embargo, que la depresión es una suerte de estrategia por la que optamos algunos de nosotros, aunque sea inconscientemente, en respuesta a lo que se nos presenta como una situación intolerable. Como expresa la poeta Gwyneth Lewis en su hermoso y perspicaz libro sobre la depresión, *Sunbathing in the Rain*, las causas de que se dé son un tercio genética, un tercio el trauma y un tercio «malos hábitos». Y, cuando se trata de describir qué debe entenderse por una mala costumbre que se repite frecuentemente, creo que nadie lo expresa mejor que la compositora y cantante islandesa Björk en su canción «Play Dead»:

It's sometimes just like sleeping
Curling up inside my private tortures
I nestle into pain

Hug suffering
Caress every ache
I play dead
It stops the hurting.

[A veces es simplemente como estar dormidos
acurrucándome en mis torturas privadas
me anido en la pena
abrazo el sufrimiento
acaricio cada dolor
me hago la muerta
eso detiene el daño]

La música era mi compañía, a veces mi conspiradora en este juego de autotortura, pero al mismo tiempo me daba lo que Paul Robertson llama el «locus de control», el sentimiento de que más que dejar que me domine, podría ser capaz de controlarlo. En momentos como el casi vocal «Seryozha» del cello puede haber algo mucho mejor que eso. En las páginas finales de la *Sinfonía n.º 4* y en el movimiento lento de la *Sinfonía n.º 5*, Shostakovich expone, a mi juicio, cómo en tiempos de crisis también él podría haberse retirado, anidado en la pena, pero cómo al final siempre algo lo trae de vuelta del infierno del «Yo» a la esperanza del «Nosotros». Algo de eso sentí cuando la mirada de amor de Kate penetró hasta el centro de mi dolor privado y, cinco años más tarde, cuando Viktor Kozlov me agarró del brazo y lloró.

* * *

Es julio de 2015 y los miembros del Cuarteto Carducci acaban de llegar a la última etapa de su ciclo completo de los cuartetos de Shostakovich en el Festival de Cheltenham. Mi labor ha consistido en presentar las interpretaciones –los quince cuartetos, en cuatro conciertos– en una antigua granja, cuidadosamente reconvertida, en Syde Manor. Me contaron que Shostakovich había planeado componer 24 cuartetos de cuerda, uno en cada una de las tonalidades mayores y menores, pero es difícil imaginar qué podría venir después del decimoquinto. Es una de las últimas obras del compositor y suena como tal. Hay un tipo de virtuosidad *in extremis* en la concepción total del *Cuarteto n.º 15*: seis movimientos lentos casi invariables, cada uno de ellos en el sepulcral Mi sostenido menor: ¿cuántos compositores se arriesgarían hasta ese punto a poner a prueba la paciencia de su público y su capacidad de permanecer escuchando? El único precedente, y es bastante remoto, son las *Las siete palabras de nuestro Salvador en la cruz*, de Haydn, que originalmente también era para cuarteto de cuerda.

¿Pensó Shostakovich este cuarteto como sus propias últimas seis palabras? Pese a lo que le dijo al camarada Pospelov sobre sus «creencias religiosas», hay un consenso casi unánime en torno a que Shostakovich no creía en Dios. Aunque hay indicios en grabaciones de sus comentarios y, más significativamente, en su música, de que valoraba el ritual, no era tanto por sus cualidades pseudomágicas como por el rol que podía desempeñar para unir a la gente. El primer movimiento del *Cuarteto n.º 15*, «Elegía», es una meditación polifónica, como un murmullo, de un tema simple y construido sobre notas repetidas, a medio camino entre una canción folclórica rusa melancólica y un canto sacerdotal antiguo. ¿Era la atmósfera de capilla de la granja de Syde Manor lo que hizo de esta música un rito enigmático? En parte tal vez sí. El Cuarteto Borodin solía interpretar el *Cuarteto n.º 5* a la luz de las velas: incluso en el frío ambiente moderno del Queen Elizabeth Hall de Londres se sintió, curiosamente, apropiado. Todo el mundo pudo compartir la calma meditativa en la medida en que la música actualizaba su liturgia oscura, al borde de la extinción. El silencio en la sala durante la interpretación casi se podía palpar y, al final, pasó un rato antes de que estallasen los aplausos. Nadie quería romper el hechizo. ¿Puede existir algo así como una serenidad triste? Es como si esta música nos estuviese preparando para el misterio último de la vida. Y es, definitivamente, para *nosotros*. En los momentos finales del *Cuarteto*, hay un eco tenue pero inconfundible del motivo que atormentó a la música de Shostakovich durante cuatro décadas, del motivo con el cual Mussorgski, en su *Boris Godunov*, nos presenta Rusia y el dilatado sufrimiento de su gente. Incluso cuando su música se desliza lentamente hacia la nada, hay algo en Shostakovich que aún quiere decir «Nosotros».

* * *

Siempre hay que ser cauto cuando se intenta capturar con palabras lo que «dice» una pieza musical puramente instrumental. Cuando he presentado mi interpretación, de hecho, a amantes de la música de Shostakovich, normalmente han estado de acuerdo conmigo; nunca me he topado con ninguna discrepancia seria. La expresión musical puede ser poderosamente personal, pero raramente es egótica, aún menos solipsista. Algo muy distinto ocurre cuando se intenta dotar de sentido a lo que Shostakovich dijo —o se cita como si lo hubiera dicho—. De vez en cuando, aparecían artículos en la prensa soviética firmados por Shostakovich. «Ningún músico se toma estas huecas declaraciones de altos vuelos en serio», señala Solomon Volkov en su prefacio a *Testimonio*. «La gente más cercana podría incluso decirnos qué "asesor literario" de la Unión de Compositores encaja con qué artículo.» Estoy seguro de que es así en la mayoría de los casos, pero leyendo hace poco, la lista de «citas» de Shostakovich, me impactó una que apareció impresa en 1964 y que suena mucho más auténtica que las declaraciones vacías, complacientes con la ortodoxia, atribuidas a él:

> «La música es un medio capaz de expresar oscuro dramatismo y puro arrebato, sufrimiento y éxtasis, furia ardiente y fría, melancolía y alegría salvaje... y los matices más sutiles de todos estos sentimientos, así como la interacción entre ellos,

de un modo que las palabras no pueden expresar y que es inalcanzable en la pintura y la escultura».

Shostakovich (si realmente es Shostakovich) da en el clavo con «los matices más sutiles de todos estos sentimientos y la interacción entre ellos». Como Beethoven, a quien él admiraba profundamente, Shostakovich era un maestro de las narrativas musicales complejas y con múltiples capas. También como Beethoven, perfeccionó su estilo al contar historias musicales fundamentalmente de dos maneras: la sinfonía y su forma más íntima y sutilmente hermanada, el cuarteto de cuerda. Soy muy consciente de que mis intentos en este libro de resumir la historia musical de Shostakovich se quedan cortos con la «interacción de sentimientos» vibrante que la propia música encarna. Pero hay que intentarlo, ya que sospecho seriamente que es a través de su genio como contador de historias musicales como Shostakovich es muy capaz de ayudar a aquellos que se encuentran a sí mismos luchando en medio de un torrente de «sufrimiento y éxtasis, furia fría y ardiente, melancolía y alegría salvaje». Y cómo opera, por suerte, se entiende mejor ahora que en la época de Shostakovich. La psicología moderna, la psicoterapia y la neurociencia parecen estar ampliamente de acuerdo en una cosa: el componente narrativo –la disposición, de forma coherente, de la «interacción» de sentimientos– es crucial.

* * *

Para entender esto, necesitamos entender, en términos generales, cómo el cerebro humano ha llegado a ser lo que es. La historia de la evolución del cerebro está dispuesta, como un mapa, en su propia estructura. Si tomamos la sección transversal más amplia del cerebro, de delante hacia atrás, es posible trazar cómo hemos llegado a ser los seres mentalmente complicados que somos. Recuerdo una anécdota de un amigo mío que, hace unos años, quería reforzar los fundamentos de su casa del East End de

Londres. Cuando la excavadora comenzó a penetrar, pudo ver que, lejos de ser una masa amorfa, el suelo estaba dispuesto en bandas horizontales de colores, algunas mezcladas, pero otras bastante claras. Varios metros hacia abajo apareció una llamativa y delgada línea negra. «¿Qué es esto?», preguntó Jonanthan al funcionario del ayuntamiento al que enviaron a inspeccionar la obra. «El Gran Fuego de Londres», fue su respuesta. El trauma de Londres, el infierno que destruyó la ciudad y dispersó cenizas en toda la región tres siglos antes, estaba registrado en esa banda compacta negra, enterrada bajo la superficie moderna de Londres. Cuanto más nos aproximemos a esta superficie, más cerca estaremos del presente. ¿Podrá ser esa línea grisácea y débil unos metros hacia abajo la «memoria» geológica del Blitz? Quizá sí, quizá no. Pero independientemente del acontecimiento que haya recogido, cívico o más probablemente doméstico, es ciertamente mucho más reciente.

También necesitaríamos la ayuda de un especialista que nos dijera qué es lo que estamos viendo en realidad en el cerebro. Pero, al igual que en la recién excavada trinchera de mi amigo, pronto se hace evidente que mirar hacia arriba, desde la parte superior de la espina dorsal hasta la enrevesada materia que se encuentra justo debajo de la tapa del cráneo, es viajar hacia adelante en el tiempo. En la base, donde los nervios de la columna vertebral entran en el cerebro mismo, encontramos la parte más antigua, convencionalmente llamada «cerebro reptiliano». Su función principal es mantener al animal vivo, y se ocupa para ello de funciones corporales tan esenciales como la respiración y la regulación de la temperatura –el tipo de acciones de las que la mayoría de nosotros agradecemos no tener que ocuparnos conscientemente–. Encima está el sistema límbico. Ahora estamos entrando en el territorio de los mamíferos: este complejo sistema de redes neuronales controla las emociones, especialmente las necesarias para la supervivencia, como el miedo o el hambre. También participa en el procesamiento de ciertos tipos de memoria. Cuando llegamos a las regiones superiores, la corteza, entramos en el mundo del pensamiento neuroquímico que hace que los seres humanos –y los mamíferos superiores– sean tan diferentes a los reptiles. Aquí es donde se lleva a cabo la mayoría de la actividad asociada con la lógica, la imaginación y la planificación. El córtex es la parte más nueva y sofisticada de nuestro cerebro, y de cuyos procesos somos más conscientes –a menudo «orgullosamente» conscientes, sobre todo si somos de ese tipo de personas a las que les gusta pensar que somos lógicos–. Pero es solo una parte de este órgano, tan fabulosamente complicado e interconectado, en la que pensamos, o mejor sentimos, lo que es el «yo». «No puedo entender todo lo que soy», escribió San Agustín, un milenio y medio antes del amanecer de la psicología moderna. «La mente es demasiado estrecha como para contenerse por completo.»

Cuando se trata de la cuestión de la interconectividad –de la comunicación entre el humano lógico, el mamífero emocional y el cerebro reptiliano–, ¿somos eficientes? En el aspecto crucial de enfrentarse al trauma, la respuesta parece ser que no mucho. En tiempos de amenaza seria, son las partes más antiguas y centradas en la supervivencia las que intervienen y toman las riendas, quitando del medio a la corteza lógica. Es entonces cuando una parte profunda del sistema límbico conocida como la amígdala adquiere protagonismo. En el momento en que la amígdala recibe información de los sentidos de que el animal está en peligro, enciende el sistema de alarma del cerebro, activando la acertada reacción de «lucha o huye». Aumentan el ritmo cardíaco y el respiratorio, los niveles de oxígeno en la sangre y el flujo de sangre a los músculos del cuerpo –especialmente los de los brazos y piernas, y manos y pies, que son indispensables–. Entramos en lo que llamaríamos un estado «de excitación».

Todo esto está muy bien, y es muy útil, siempre y cuando nos encontremos en una situación de peligro. ¿Cuántos de nosotros, frente al peligro, nos hemos encontrado con que nuestras manos o pies «sabían qué hacer», incluso antes de que nuestra conciencia racional-mental hubiera tenido tiempo de preguntarse qué estaba pasando en realidad? Después ya puede comenzar el proceso de calmarnos, seguido rápidamente de la inevitable pregunta: «¿Qué ha pasado?». Tal proceso, en el cual el cerebro lógico y reflexivo es capaz de coordinar la enmarañada masa de recuerdos de impresiones sensibles y construir una narrativa, es vital para la paz mental posterior. En otras palabras, una vez que podemos decir *Me sucedió esto* somos capaces, al fin, de continuar con el asunto de seguir viviendo en este mundo. Las impresiones se racionalizan como eventos, ordenados en una secuencia significativa y dispuestos en lo que a veces ha venido a llamarse «memoria autobiográfica». El principal órgano del cerebro responsable de integrar y almacenar este tipo de memoria a largo plazo es una parte del sistema límbico llamada «hipocampo». Hasta aquí, suena razonablemente eficiente; y lo es, siempre y cuando la experiencia de peligro no sea demasiado intensa ni demasiado prolongada. Lo que sucede en las experiencias traumáticas es que la respuesta de lucha o huida continúa anulando la mente racional, impidiendo que los recuerdos sean registrados secuencialmente por el hipocampo. Cuando la víctima recuerda los eventos, pueden emerger en una confusión desconcertante, lo que anula la capacidad del cerebro para darles sentido y elaborar una historia. La otra posibilidad –como sucede a menudo en los casos de abuso– es que la situación traumática continúe o se repita a lo largo de un periodo largo, en cuyo caso el sistema de alarma de la amígdala se bloquea, impidiendo, de nuevo, que el que sufre pueda racionalizar su experiencia. En ambos casos, esa pregunta aterradora, «¿Qué pasó?», no se responde adecuadamente. El proceso de la terapia para las víctimas de una experiencia traumática a menudo implica que el cliente llegue al punto (puede ser un proceso largo) en el que se sienta capaz de decir: «Esto me ocurrió a mí». Los sucesos pueden haber tenido lugar hace años, pero ese estado de excitación ansiosa, de «hipervigilancia», nunca se aplaca del todo. El trauma se sigue experimentando como un fuerza perturbadora y maligna en la mente, que causa estragos en la memoria, la vida emocional y las relaciones de la víctima. Si la víctima llega a sentirse segura y tranquila dentro del proceso terapéutico, entonces quizá, con el tiempo, pueda empezar a recoger los pedazos destrozados del mosaico de recuerdos traumáticos y reunirlos en una imagen coherente. Si es así, el dolor asociado con esos recuerdos no desaparecerá por completo, pero deja de ser amenazador, desestabilizador: la amígdala es por fin capaz de apagar la alarma. Sin embargo, influyen muchas más cosas que la biología, por muy intrincada que sea. Si realmente deseamos darle sentido al sufrimiento mental, para aliviarlo o al menos para lograr vivir mejor con él, tenemos que recurrir a métodos más antiguos. Creo que he alcanzado un nuevo tipo de relación con mis propias fuerzas internas oscuras y perturbadoras, y que la condición psicológica en la que me encuentro ahora es mejor que en cualquier momento que pueda recordar. Tengo como testigos a amigos cercanos (y especialmente a Kate) que han visto cómo he cambiado al enfrentarme a sucesos potencialmente desestabilizadores. Mi vida emocional siempre será, probablemente, intensa y lábil: hay momentos en los que todavía me siento como el piloto de una pequeña nave tratando de abrirme camino en un terrorífico océano turbulento. Con el tiempo, sin embargo, mi piloto se ha ido volviendo más experimentado y habilidoso. Sabe leer mejor los signos en el cielo de que se acerca una tormenta, sabe qué tipo de acción evasiva poner en marcha o, en caso de fallar, cómo seguir y escuchar a su sonar interno, ya ha atravesado suficientes tormentas como para asegurarse de que el bote no se dará la vuelta. Tiene un diario de navegación en el que puede leer la historia de su supervivencia, registrada cada vez.

Ir a terapia durante muchos años me ha ayudado a escribir un libro de navegación así para mí mismo. Parece ser un resultado habitual entre aquellos para los que el comprometerse con una terapia ha sido una experiencia positiva (incluso los mejores profesionales admitirían que no funciona para todo el mundo). Kate me relata cómo, a veces, en su propia práctica, la gente se aproxima a ella con una historia sobre cómo llegaron a ser lo que son. El problema es que hay algo disonante en esa historia: les duele, les perturba su vida emocional o daña sus relaciones con los otros. La tela de esta historia necesita descoserse lenta y delicadamente hasta que se encuentre el hilo equivocado. Puede ser algo tan simple como: «Todo es mi culpa, me merezco lo que ha pasado». Los hijos de familias desestructuradas son muy buenos culpabilizándose a sí mismos y, como adultos, continuarán culpándose a sí mismos cuando las cosas van mal. Una de las razones por las que la gente se aferra a tales creencias es que pueden ser extrañamente tranquilizadoras. Si es mi culpa, entonces hay una razón para todo esto y, seguramente, también una solución. Mejor eso que un mundo sin sentido en el que cualquier cosa, independiente de lo terrible que sea, le podría pasar a cualquiera en cualquier momento. Renunciar a esta antigua forma de ver las cosas y a nosotros mismos puede ser extraordinariamente difícil. Buda estaba en lo cierto: nuestro anclaje al sufrimiento puede ser tenaz y obstinado −mejor lo malo conocido que lo bueno por conocer−. Pero renunciar a estar aferrados al sufrimiento es liberar nuestras manos para tejer un tapiz mejor: para contarnos a nosotros mismos una historia que nos permita actuar más libremente y sintiéndonos seguros en este mundo.

Mucho antes de descubrir la terapia, tenía la música. Al leer relatos de psicoterapeutas eminentes, a menudo me impresionó lo parecidos que eran los procesos que describían con mi propia experiencia mental de redención con la música. En un artículo para *Therapy Today*, Susie Orbach reflexiona sobre su rol en la relación terapéutica utilizando numerosos términos musicales:

«¿Cómo puedo ser útil? ¿Qué es lo que debo hacer? ¿Qué es lo que represento? ¿Qué permitiría a mi cliente limpiar el espacio que lo rodea y considerar algo desde una perspectiva diferente? ¿Cómo puedo analizar sus sentimientos para que pueda ampliar su repertorio emocional y no repitan la misma cantinela, la cual ha dejado de ser productiva?»

Una forma de terapia puede ser que el cliente lleve una canción de verdad, la que represente lo que él o ella siente y trabajar desde ella –o simplemente escucharla– con el terapeuta. Escuchar los propios sentimientos bajo una determinada forma es una manera directa y física que puede aportar una liberadora sensación de objetividad. Otra forma puede ser la de comprometerse con una obra de música más compleja, más fluida psicológicamente, en estilo narrativo –como, por ejemplo, una sinfonía–, la cual encarna un cambio de estado emocional o incluso una propuesta de resolución. Yuxtaponer ambas formas de terapia no es una invitación astuta para formar un juicio de valor. Tampoco se trata de argumentar sobre la superioridad de la música clásica. Mucha de la así llamada música clásica no encaja en la segunda categoría y alguna música pop sí lo hace –como, por ejemplo, las últimas cuatro canciones (originalmente la cara B) del álbum *Low* de David Bowie–. Las canciones, en sí mismas, pueden trazar viajes emocionales de reveladora sutileza. El *Doppelgänger* de Schubert es un ejemplo primoroso. No conozco ninguna canción clásica que capte el estado de casi Nirvana de suicidio potencial con más exquisita concisión que *River Man*, de Nick Drake. Hay muchos ejemplos. Volviendo a la lista de preguntas de Susie Orbach, una llama especialmente la atención: «¿Qué permitiría a mi cliente limpiar el espacio que lo rodea y considerar algo desde una perspectiva diferente?». Se me ocurren dos respuestas. Una se basa en el compositor Jean Sibelius, cuando bregaba por terminar la sombría e introspectiva *Sinfonía n.º 4* en un momento de crisis personal agónica. «Tienes que reponerte», se lee en una de las entradas de su diario. «Si pudiese librarme de estas oscuras sombras… O, al menos, poder ponerlas bajo una nueva perspectiva…» La otra se basa en Shostakovich, cuando al leer de arriba abajo su *Cuarteto n.º 8* mientras atravesaba también un momento bajo decidió acabarlo con un sentimiento de «orgullo y alegría por haber creado tal obra». Shostakovich era una de esas mentes creativas descritas por la socióloga Harriet Martineau como «necesitadas de expresión». Estar lejos de su escritorio durante mucho tiempo podía ser doloroso para él y podía provocar, rápidamente, manifestaciones «de enfermedad o, más bien, enfermedades», que le describía a Isaak Glikman. Pero, cuando le daban un trozo de papel pautado y un lápiz (nunca necesitó un piano), gradualmente emergía algo parecido a la «nueva perspectiva» de Sibelius. No tengo dudas de que componer la *Sinfonía n.º 5* es lo que lo mantuvo cuerdo durante la oscuridad que siguió a la condena del *Pravda* en 1936. Se cuenta que Stalin estaba impresionado por la forma en que Shostakovich se puso enseguida a trabajar en su «respuesta a una crítica justa». Probablemente, no le quedaba otra alternativa. O, más bien, había una: por suerte para nosotros, la desestimó.

Solo puedo especular sobre cómo la composición pudo contribuir a la salud mental de Shostakovich. Pero sí sé cómo la música me ayudó a mí. En primer lugar, parecía reflejar con absoluta precisión mi estado mental y la época de mi vida en la que me encontraba así. Susie Orbach describe cómo, cuando los pacientes le revelan sus agonías privadas, se ponen frente a frente con lo que vive dentro de ellos pero es tan difícil de expresar. Mucho antes de que pudiese encontrar palabras para describir mis sentimientos, podía escucharlos reflejados, mental y físicamente, en sonidos, sonidos ordenados y coherentes, cuyo proceso de elaboración musical me daba esperanza sobre que mis propios sentimientos se podrían expresar también. Las emociones y pensamientos que experimentaba como terriblemente vastos, caóticos y amenazadores adquirían lo que Shakespeare llamaba «una habitación local y un nombre» o una forma sonora –algo igualmente valioso–. En medio de mi prolongado aislamiento, Shostakovich me aseguraba que no estaba completamente solo. Alguien más sabía lo que yo sentía –quizás, incluso, me «escuchaba», en un sentido un tanto misterioso. «El hecho de ser escuchados», señala Orbach, «y escuchar las propias palabras en un espacio en el cual no son interrumpidos ni necesariamente apaciguados, sino que simplemente se nos acompaña, implica que pueden reverberar». Para mí, encontrar tales palabras en el ambiente protegido de la terapia ha sido valioso, pero encontrar el *sonido* de mis pensamientos y sentimientos, y escucharlos transformados por un gran compositor en algo magnífico y hermoso, ha tenido repercusiones más profundas aún. «Las palabras se tensan, se quiebran y a veces se rompen bajo el problema», escribió T. S. Eliot, sí. Pero, en mi experiencia, eso no sucede en la música.

En el proceso de dar forma a las emociones, la música puede hacer algo más por nosotros. Nos puede invitar a identificarnos con sus procesos formales. En el caso de Shostakovich, con su conmovedora, estremecedora y fascinante narrativa sin palabras. Con ello, nos preparamos para el momento en el que, con plena conciencia de la importancia de las palabras, somos al fin capaces de decir: «*Esto* me pasó a *mí*». Entonces, la mano libera su agarre y nos damos cuenta, con alivio, de que se ha silenciado la alarma.

* * *

Durante años, me he resistido a la idea de haber experimentado algún tipo de trauma, incluso después de que terapeutas, psiquiatras y amigos cercanos me dijeran que así fue. Lo sentía como una temeridad, como si estuviese estableciendo una comparación con las víctimas de algún tipo de abuso físico y sexual horrible como los que, cada vez más, escuchamos en las noticias. Sí, vivir con mi madre fue difícil, pero… ¿*traumático*? Una voz en mi cabeza me decía una y otra vez que estaba exagerando, cada vez más histérico, que buscaba llamar la atención (ahora sé lo que era esa voz). Pero entonces, en 2010, lo que mi padre y yo siempre habíamos temido finalmente sucedió: tras un constante *crescendo* de comportamientos extraños, mi madre cayó en la locura. Atacó a mi padre, en público, y la ingresaron. Se las arregló para salir del aislamiento, a media noche (con su característico toque teatral), apagando la alarma de incendios. En la calle, aún con su bata y su camisón, atemorizó a un conductor para que la llevara a la casa familiar. Como no tenía ni monedero ni llaves, intentó entrar en casa a través de una de las ventanas. Llamaron a la policía y mi madre, que aún hablaba sin respiro y de manera obsesiva, fue ingresada de nuevo. Fue horrible y, de alguna manera, terriblemente divertido a la vez.

Lo más significativo para mí fue el darme cuenta de que las acusaciones contra mí se habían esfumado. Ahora se ponía de manifiesto lo que había tenido que aguantar todos esos años. Ni siquiera *yo* podía acusarme a mí mismo de que todo eran imaginaciones. Al principio con mucho nerviosismo, nuestra familia y amigos empezaron a revelar las dudas y angustias que durante mucho tiempo habían albergado sobre mi madre, y a completar detalles importantes de su historia, la cual resultó ser muy triste. La compasión, al final, se hizo camino frente a la rabia y el miedo. Un poco después, me vi contándole toda esta loca aventura a un encantador y tranquilo amigo músico. «¿Sabes qué?», me dijo con una sonrisa indulgente. «No es culpa tuya.» Conocía la expresión «me reí hasta llorar» pero siempre me imaginé que era una mera forma de hablar. Ahora sé que no es así.

* * *

Estoy apoyado en una columna en el lado sur de la plaza del Palacio de San Petersburgo. Mi productor, Jeremy Evans, y yo acabamos de terminar la última entrevista para nuestro documental, *Shostakovich: a Journey into Light,* y Jeremy ha decidido que venir aquí nos podría ayudar a ampliar nuestra perspectiva. Cuánta razón tenía. La plaza del Palacio no es un escenario donde alimentar los propios delirios de grandeza. No es solo gigante, hay algo en ella que produce vértigo. Incluso el Palacio de Invierno se siente remoto cuando se ve desde el lado opuesto, en el intimidante abrazo, por su forma arqueada, del Edificio del Estado Mayor, diseñado por Carlo Rossi. La plaza se creó para conmemorar la victoria rusa sobre Napoleón en 1812, pero desde entonces otros acontecimientos han ido dejando su marca en ella. Mientras estaba sentado observando su inmenso espacio vacío, intentando retenerlo todo en mi mente, mi conciencia derivó al inicio de la *Sinfonía n.º 11*. Su quietud espaciosa y ominosa encaja perfectamente con este espectáculo, como debe ser: el título del primer movimiento de la sinfonía es «La plaza del Palacio». Shostakovich escribió la *Sinfonía n.º 11* en 1957, evidentemente para celebrar la frustrada revolución de 1905 en la que una manifestación pacífica de gente y dirigida por un respetado sacerdote ortodoxo marchó cantando himnos hasta el Palacio de Invierno para hacer una petición al zar. Allí se toparon con la guardia de Preobrazhenski, que abrió fuego contra ellos. Las estimaciones sobre el número de muertos varían, normalmente dependiendo de las convicciones políticas de aquellos que hacen los cálculos. Los cálculos más recientes establecen el número en torno al millar.

La *Sinfonía n.º 11* tiene un subtítulo, *Año 1905*, así que no deja lugar a dudas. Pero, cuando salió a la luz, algunos se preguntaron si el compositor tenía eventos más recientes en mente: por ejemplo, el fracaso de la sublevación húngara propiciado por el ejército soviético en 1956, justo antes de que se escribiera la sinfonía. ¿O fue una meditación sobre lo que en *Testimonio* se llama «el eterno problema ruso»: la relación trágicamente cíclica entre el pueblo ruso y sus líderes, ávidos de poder? Todo es plausible, pero si recordamos la apertura de la Sinfónica en la plaza del Palacio, es difícil de creer que Shostakovich no tuviera específicamente este escenario en mente. La plaza del Palacio puede haberse construido para empequeñecer, para reforzar el mensaje de poder absoluto, pero atendiendo a su historia, y a la historia de Rusia en el siglo xx, incluso minimiza las pretensiones del Palacio de Invierno, frente a él. Mirándolo, en este brillante día de junio en el 2006, no me sorprende que Stalin nunca considerase con seriedad establecer su residencia allí.

Es desconcertante, del mismo modo que los es este inmenso país. ¿Es posible que el profundo sentimiento de (o el deseo de) un «Nosotros» más grande, que ha persistido durante tanto tiempo y de manera más conmovedora en la música y la literatura rusas que en Occidente, sea una consecuencia de una especie de agorafobia nacional? Incluso viajando en tren de Moscú a San Petersburgo, pude sentir mi aterrorizado ego encogiéndose ante la perspectiva interminable de campos, lagos y bosques. Es mucho más fácil ser un individuo desapegado y autosuficiente ante los paisajes más acogedores y cerrados de Europa Occidental. ¿Es de extrañar que la gente de aquí haya querido permanecer unida, como esos innumerables árboles?

Sentado solo ahora, mirando a la plaza (Jeremy se ha retirado sigilosamente detrás de una columna, dejándonos a mí y a mi micrófono de solapa en un aislamiento desalentador), soy cada vez más consciente de lo diminuta que es mi propia historia. El sonido de un arpa tintinea en mi memoria: Shostakovich otra vez. Es esa cita admonitoria de sus *Romances de Pushkin*, cerca del final de la Quinta Sinfonía: no seas como el bárbaro de la canción, no garabatees tus garabatos en mi hermoso cuadro. ¿Es eso lo que he estado haciendo? Esa pregunta me deja sin palabras un momento, pero pensándolo mejor no creo que yo sea culpable hasta ese punto. Justo el día anterior hablaba con Boris Tishchenko y me aseguró amablemente que Shostakovich habría estado encantado de saber cuánto me había ayudado su música. Y de ser así, solo soy uno de miles, probablemente de cientos de miles. Darse cuenta es desalentador, pero también constructivo. ¿Por qué querría ser el único? ¿Por qué me hace sentir especial? Sin embargo, aunque de manera muy distinta, fue especial también cómo me sentí con Viktor Kozlov agarrándome el brazo izquierdo. Fue, entre otras cosas, un gesto de camaradería: me sentí orgulloso y privilegiado por ser aceptado por un hombre como él, con todo lo que había vivido, un representante de un sufrimiento colectivo y una voluntad de sobrevivir que solo me puedo imaginar parcialmente. Es verdad: todos ponemos nuestra historia en la música. Pero algo en la música de Shostakovich nos puede hacer sentir que, incluso en esos momentos de mismidad última, no estamos solos. Ese fue el efecto de esta música en aquella gente asediada, cuando aquella orquesta tocó la *Sinfonía* «Leningrado» de Shostakovich en el Gran Salón de la Filarmónica de Leningrado y, de una forma más modesta y mucho menos espectacular, ese fue también el efecto que tuvo en mí.

Me doy cuenta ahora de lo diferente que es Shostakovich, en este aspecto, de otros escritores y pensadores en los cuales encontraba consuelo y validación en mis periodos de retirada del mundo: Schopenhauer, Nietzsche, Rilke, Kafka, esos «desesperados del espíritu» solitarios, tal y como los llama Erich Heller, constantemente en conflicto con la vida y con la humanidad en masa. (Sorprendentemente, todos ellos son escritores en alemán.) Su legado es enorme, y gran parte de nuestras ideas sobre «el artista» se deben a su influencia. Pero, como señala Heller en *Thomas Mann: The Ironic German,* «se sospecha que debió de haber un tiempo en el que el artista compartía la realidad de sus contemporáneos, y que no se distinguía demasiado de ellos por su visión y agonía únicas sino, simplemente, por su capacidad de dar una forma y apariencia superlativas a las insinuaciones comunes del significado». Heller habla como si ese tipo de artista fuese una figura de un pasado remoto, probablemente irrecuperable. A la vez que escribía estas palabras, en los últimos años de 1950, Shostakovich estaba componiendo su *Sinfonía n.º 11.* Hay, de hecho, en ella una «visión y agonía únicas», pero hay mucha más capacidad de «dar una forma y apariencia superlativas a las insinuaciones comunes del significado».

Al decir esto no pretendo sostener que estos espléndidos escritores solitarios en lengua alemana estuviesen, simplemente, «equivocados». Siempre les estaré agradecido por su penetrante perspicacia psicológica y por ser un ejemplo de valentía para enfrentar a la oscuridad interior y, con ello, la posibilidad de la absoluta falta de sentido. Aun así, tengo la incómoda sospecha de que también fomentaron en mí una especie de arrogancia defensiva. El profeta ficticio de Nietzsche, Zaratustra, pasa mucho tiempo en las alturas de las montañas, vigilando a la gente de las llanuras con una mezcla de pesimismo y desprecio condescendiente. Pero, en el fondo, yo también escuchaba un punto de envidia en la risa burlona de Zaratustra: por la simple diversión de la gente y, sobre todo, por su sentido de pertenencia a algo, aunque fuera ilusorio. Ahí es donde Shostakovich resulta tan diferente. Casi desde que lo conozco, me ha estado atrayendo hacia su mundo, y hacia su forma de comprometerse con él. Y ahora, sentado en la plaza del Palacio, me doy cuenta de que me ha traído a este encuentro vitalmente transformador con gente que lo conocía, y a su tiempo y su lugar, y con quien puede dar testimonio, desde lo más profundo de su ser, de lo que logró. Hablando con ellos, me he dado cuenta de algo a la vez inquietante y excitante: la conectividad. Lo que Robert Herrick dijo sobre los sueños se aplica también a la vida. Todos estamos arrojados, al nacer, «cada uno a un mundo diferente». Solo ocasionalmente esos mundos entran en contacto y, por un momento, realmente nos miramos a los ojos los unos a los otros.

* * *

Inicialmente, pensé que tal sentimiento de conexión se desvanecería después de salir de Rusia. Inglaterra seguramente me haría volver a poner los pies en la tierra de golpe. Los rusos pueden ser abrumadoramente abiertos. Su conversación tiende a pasar por los asuntos de la Vida, el Universo y el Todo tan pronto como se establece cualquier tipo de terreno común. Incluso en la compañía intelectualmente más refinada hay poco de lo que Henry James, en *The Portrait of a Lady*, llama «la cortina social que comúnmente amortigua, en una época demasiado civilizada, la agudeza de los contactos humanos». Incluso los ingleses más considerados tienden a ponerse nerviosos cuando ven que esa cortina se mueve. Los menos considerados se refugian en las bromas o en las burlas. Sea cual sea el tono, el mensaje es claro: no te tomes las cosas, y especialmente a ti mismo, demasiado en serio.

Eso es lo que me dije a mí mismo, ignorando el hecho de que una de las personas a las que más me había acercado durante el viaje a Rusia era mi productor, Jeremy. Mientras escuchábamos juntos el documental, ya terminado, en un pequeño estudio de la Casa de la Radio, me di cuenta de que, si se me hubiera dejado a mí tomar las decisiones editoriales, aquel programa no habría sido tan bueno ni de lejos. La elección de los entrevistados y los lugares, la selección de cuáles de mis comentarios había que conservar y cuáles desechar... era como si hubiera sabido todo el tiempo, mejor que yo, lo que estaba tratando de decir sobre Shostakovich. Con qué amabilidad me había animado a introducir comentarios personales, y con qué habilidad los había dispuesto –tan hábilmente que ni siquiera yo lo encontraba excesivo–. Y allí, encajada maravillosamente en todo el programa, estaba la música, seleccionada con destreza por Jeremy. Me hizo querer volver a escuchar una y otra vez las obras destacadas de nuevo. Eso, seguramente, fue una señal de que, al menos en un sentido amplio, funcionaba.

Al salir de la Casa de la Radio, me sentí eufórico, pero, al mismo tiempo, vagamente aprensivo. Habíamos incluido apenas un par de frases sobre mi depresión, apenas sugiriendo que me había acercado al suicidio. Quedaba, en realidad, bastante claro, y todo estaba grabado, listo para ser retransmitido –para ser escuchado–. De repente, me quedé absolutamente quieto, mirando al frente. Allí, al otro lado de un inesperadamente vacío Portland Place, había un mostrador de periódicos donde leí: «STEPHEN: MI INTENTO DE SUICIDIO». No, por supuesto que no era yo, pero atravesé corriendo la calle para echar un vistazo más de cerca. La esquina derecha de la hoja de titulares estaba doblada, ocultando el nombre 'FRY'. Una pequeña investigación sobre el terreno reveló que Stephen Fry acababa de hacer un documental televisivo de dos partes sobre sus experiencias con el trastorno bipolar, *The Secret Life of the Manic Depressive*. El momento no pudo ser más apropiado: que personas famosas reconocieran públicamente este tipo de cosas era algo mucho menos común en 2006 que ahora, más de una década después. El valiente acto de Fry al aceptar hacer este programa, y al hacerlo tan bien, fue un enorme paso adelante para cambiar la opinión general con respecto a la enfermedad mental. ¿Acaso Jeremy había intuido que tal cambio estaba en el aire? ¿Tal vez por eso me pidió que hiciera ese programa en primer lugar? ¿O fue solo una afortunada coincidencia? Por muy tentador que sea verse a sí mismo como parte de algún tipo de agitación del *Zeitgeist*, este es el punto en el que el desencantado humor inglés realmente puede ser útil.

Tuve surte. El interés por los programas de Fry y la buena acogida que tuvieron significaban que el nuestro encontraría un público más receptivo en comparación con lo que podría haber pasado unos meses antes. La reacción a *Shostakovich: A Journey Into Light* en la prensa fue mucho más calurosa y positiva que a cuaquier otra cosa que hubiera hecho antes o que haya hecho después. También la reacción de la gente que lo escuchaba, tal como me lo transmitía en correos electrónicos, cartas y en encuentros casuales –muchas veces se trataba de personas que no conocía de antes–. Incluso ahora sigo recibiendo correos de personas que han escuchado el programa, ya sea en retransmisiones de radio o a través del archivo en línea de Radio 3. Unos pocos me han dicho que el programa los ayudó a enfrentarse a su propio sufrimiento mental, que los tranquilizó saber que no eran enfermos por buscar refugio y fuerza en música como el dolorosamente cargado *Adagio for strings* de Samuel Barber o el elegantemente desolado *Round Midnight* de Thelonious Monk, o el *Cuarteto n.º 8* de Shostakovich. Todo ello venía a confirmar, y a la vez a enriquecer, lo que ya había experimentado en Rusia: la conectividad, el sentimiento de ser parte de algo más grande, de haber sido arrastrado fuera de mi triste, mullido y solitario rincón y de haber tomado contacto con otras personas reales a través de la música y, en particular, a través de la música de un hombre extraordinario.

* * *

Hay una fotografía de Shostakovich que me encanta. Se lo ve sentado en las gradas del estadio de fútbol del equipo local, el Zenit de Leningrado. Claramente, el Zenit lo debe estar haciendo bien. Tal vez acaban de provocar uno de esos dramáticos cambios de la fortuna que Aristóteles consideraba tan efectivos en la tragedia. Solo que esto no es una tragedia, se puede ver en la cara de Shostakovich. Está casi irreconocible: no es el joven nervioso, pero intensamente concentrado, de los primeros retratos oficiales, y menos aún la figura retraída y enmascarada de los años posteriores. Está radiante. Ni siquiera sus gruesas gafas pueden ocultar el placer de su mirada. Encorsetado entre un joven soldado y un hombre con un abrigo de amplia capa, un maletín colocado incongruentemente en su rodilla, parece como si nunca hubiera sido más feliz en su vida. Gracias a Dios fue capaz de encontrar la felicidad en otro lugar.

¿Fue en las gradas del estadio de fútbol donde Shostakovich encontró la inspiración, el recurso espiritual, para lo que fue capaz de plasmar tan magníficamente en su música? Una y otra vez, se las arregla para mantener la imagen de un pueblo unido, libre de cantar desde el corazón, desde la verdad de su mente. Lo escuchamos en el gran himno trágico-triunfante con el que concluye la *Sinfonía* «Leningrado», y en los rugidos de masivo desafío furioso que cierran la *Sinfonía n.º 11*, «Año 1905». A lo largo del emocionante final de la *Sinfonía n.º 11* resuenan claramente los ecos de una vieja canción revolucionaria de estudiantes:

¡Rabia, rabia, tiranos! Os burláis de nosotros,
¡somos amenazados salvajemente con prisión y grilletes!
Somos poderosos en espíritu, aunque nuestros cuerpos sean pisoteados...
¡Vergüenza, vergüenza, vergüenza para ustedes, tiranos!

«Somos poderosos en espíritu»: no se necesita saber la canción para captar el mensaje. Esto no es «el pueblo», esa abstracción vacía del comunismo soviético, sino una red de individuos, posiblemente tan extrañamente variada como el componente aleatorio del grupo que se ve en esa fotografía del partido de fútbol del Zenit de Leningrado. La orquestación magistral de Shostakovich hace destacar algunas de las voces contrastadas con nitidez. Están conectadas, empero, aunque sea fugazmente, de manera precaria, en este momento comunitario: miríadas de mentes, pero con un solo pensamiento.

Por supuesto, estos son momentos destacados. La música de Shostakovich no siempre grita, ni siquiera susurra «Nosotros». Los momentos de aislamiento, de terror solitario, son también reales. Podemos escucharlos en el final de la *Sinfonía n.º 4* y en el movimiento lento de la *Sinfonía n.º 5*, ambos escritos en una época en la que Shostakovich sabía lo que era esperar con temor insomne a que llamen a la puerta en medio de la noche. Pero igualmente reales son aquellos homenajes a la pervivencia de la amistad y el amor: la broma privada compartida con Mstislav Rostropovich en el final del *Concierto n.º 1 para cello*, la apasionada carta musical a Benjamin Britten («¡Así no morirá nuestro vínculo, libre, alegre y orgulloso!») en el núcleo de la vocal *Sinfonía n.º 14* y esos desgarradores recuerdos de Ivan Sollertinsky y Nina Shostakovich en el *Cuarteto n.º 8.* Todos ellos forman parte de un amplio espectro: «Yo» en un extremo, que se sombrea gradualmente hacia un inmenso «Nosotros» en el otro.

De lo que estamos hablando aquí no es de una dualidad, y menos aún de una división esquizoide. El individuo puede retirarse del mundo, pero no estar eternamente solo. También puede bailar con las masas pero conserva su individualidad, como lo hace el propio tema de DSCH de Shostakovich en los momentos finales de la *Sinfonía n.º 10.* La comunidad no se impone: a diferencia del coro en «El Himno a la Alegría» de Beethoven, aquí no se grita que «Todos los hombres serán hermanos» ni se ordena a los incrédulos que «se alejen llorando de esta unión». Shostakovich puede conectar con nosotros en momentos de terrible aislamiento, pero también en momentos de alegría compartida.

* * *

Tengo dieciséis años, y estoy caminando a zancadas, avanzando, abriéndome camino a través de los páramos de los Peninos Occidentales. El clima es enérgico: repentinas ráfagas de viento, nubes bajas y desgarradas avanzan con velocidad por el cielo, ocasionales y breves ráfagas de lluvia punzante. Se adapta perfectamente a mi estado de ánimo. No puedo parar de pensar en el final de la *Sinfonía n.º 4* de Shostakovich. En mi oído mental la oigo con claridad de estudio. Estoy medio rugiendo la música, medio revoloteando junto a ella. Me alegro de que no haya nadie alrededor para verme. Pero –de esto estoy seguro– no me siento solo. Shostakovich sabe lo que siento. Su música es la prueba. Tal vez él lo sepa incluso mejor que yo. Y también me ha dado algo más. Me ha dado su comunidad: mitad imaginaria, mitad real. Como él dice, en las últimas páginas de la *Sinfonía n.º 4* está todo explicado con bastante precisión. Hay un gran coro al que puedo unirme: un coro de dolor, rabia y determinación por sobrevivir. No sé todavía dónde está, pero sé *que está.* Y, mientras dure la música, soy parte de ella, una voz entre muchas. En algún lugar ahí fuera hay un «Nosotros» al que pertenezco. Tales pensamientos son reconfortantes, me sostienen, son indescriptiblemente edificantes. Cuando los últimos compases se han desvanecido en el silencio, me quedo quieto un momento. No soy un inútil, alguien despreciable e insignificante, indigno de ser escuchado; ¿cómo iba a serlo, si la música puede hacerme sentir así?

Agradecimientos

La lista de personas a las que debo dar las gracias es tan larga que tratar de dar cabida a todos es una tarea desesperada. Me siento especialmente agradecido con los que menciono a continuación. En primer lugar, quisiera dar las gracias al productor Jeremy Evans, por iniciar y dirigir nuestra serie documental *Shostakovich: A Journey Into Light*, y a nuestros traductores del ruso y guías, Nina Kongorova y Misha Smetnik. Muchas personas, en Rusia y el Reino Unido, hicieron contribuciones inestimables a ese programa: Ksenia Afonina, Tigran Alikanov, Boris Tishchenko, Alexandra Vavlina, viuda del director de orquesta Yevgeny Mravinsky, Avram Gozenpud, Manushir Yakubov, y sobre todo Viktor Kozlov.

Mi agradecimiento a Roger Scruton y Ray Tallis por su aliento; y a Sebastian Gardner, Anthony O'Hear, Ruth Padel, David Matthews y Paul Robertson (todos miembros del grupo de discusión de Albany) por permitirme presentarles mis ideas, y por tratarlas (y a mí) tan amablemente.

Han sido muchos más los que han contribuido a este libro con su ayuda: Michael Trimble, David Quinn, Sarah Halliday, John Cox, Ray Owen, William Meredith-Owen y Val Randle. Gracias también a Hilary Bartlett y Michael Pugh, por invitarme a participar en sus discusiones y permitirme aprender de ellas.

Sobre todo, debo dar las gracias a mi esposa Kate. Su perspicacia, su consejo, su crítica y su práctico sentido común han sido inestimables. El apoyo emocional que me ha prestado en los últimos veintitrés años requeriría un libro en sí mismo, y no estoy seguro de que agradeciera que lo escribiera. En cambio, he decidido dedicarle este a ella.